D. José Vargas Padilla

C.V.

José Vargas Padilla, nació en Málaga, en pleno corazón de la Costa del Sol, a un paso de la Alhambra Granaina, lugar que visita todos los años. Educado por Jesuitas en su tierra natal, donde adquirió el hábito de ser lector voraz y crítico. A posteriori, entre su formación adquirida, podemos destacar su Máster en "Gestión de Residencias y Servicios para la Tercera Edad", además de su especialización en "Administración y Gestión de Empresas". Viajero apasionado y Chef los fines de semana, trabaja desde hace mas de una década en Web Design y Nuevas Tecnologías, otra de sus grandes pasiones.

ISBN-10: 1548040835
ISBN-13: 978-1548040833

www.guiasgourmetparacurrantes.com
Email: info@guiasgourmetparacurrantes.com

Printed by CreateSpace

EL ARTE ANDALUSÍ.

"La Giralda de Sevilla."

INIDICE

Dedicatoria

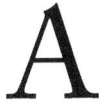 mi madre, a mi padre y a la familia…

A Karinita, por la cual escribi sobre Granada y la Alhambra.

A Mencia, una crack del motociclismo.

A mis amistades, en particular a David que lee todo lo que escribo a "punta de pistola", a Alfonso que soporta horas escuchando hablar de lo que escribo…

 Berni, la ANTIchef…

A los lectores…

Prologo

Hemos de reconocer, que leerse casi 400 páginas, tiene mérito, aunque sea de un libro dinámico y entretenido, como "El Arte Andalusí. De la Alhambra a la Mezquita de Corduba.", por ello, y más aún, por la insistencia de mi amiga Berni, escribo esta versión más "light" o breve, dedicado en exclusiva al Arte Andalusí Taifal, con su símbolo más conocido, la Giralda de Sevilla.

Qué Bonito es el arco árabe?

Siempre la misma respuesta, ese es el arco de herradura ibero visigodo, que los musulmanes o arte islámico copiaron.

Qué Bonito es el arte árabe?

Siempre la misma respuesta, eso es arte andalusí.

Qué Bonita es la Mezquita, porque no se devuelve a los musulmanes?

Siempre la misma respuesta, antes fue una Basílica Cristiana, y antes una Iglesia Paleocristiana, y antes…

Como se nota que la Mezquita se copio de la Alhambra?

Siempre la misma respuesta, la mezquita de Córdoba, se construyo 500 años antes que la Alhambra.

Que Buenos eran esos arquitectos árabes que vinieron de Arabia?

Siempre la misma respuesta, eran arquitectos andalusíes, es decir andaluces de religión musulmana.

⇨ **Preguntas y más preguntas**, cada vez que alguien decide bajar a esta Andalucía tan desconocida, pero tan visitada, ya hasta agota, así que porque no escribirlo, explicar que es el Islam, para los que no son musulmanes, que es el arte islámico o el arte andalusí...

Explicar los cuatro grandes estilos de esta tierra, que ha tenido muchos nombre, como Tarsis, Bética, Al Ándalus o Andalucía, que son el Estilo Califal, el Estilo Taifal con sus variantes como el Almohade, el Estilo Nazarí, y ese tan olvidado, como el Estilo Mudéjar, de una manera lo más sencilla posible, así evitamos responder siempre lo mismo.

⇨ **Descubrir las siete grandes maravillas del arte andalusí,** como son la Mezquita Catedral de Córdoba, la Giralda de Sevilla, la Alhambra de Granada o la Alcazaba de Málaga, sin olvidar los Reales Alcázares de Sevilla, es otra parte de este recorrido por esta Andalucía tan desconocida...

OTROS

Y sobre todo, a los que lean este libro, espero les sirva para conocer mejor Al- Ándalus, y si lo desean, pueden aportar ideas y propuestas para su ampliación, para lo cual les dejo mi contacto:

Email: info@guiasgourmetparacurrantes.com

OTROS LIBROS RECOMENDADOS.

⇨ **Café Gourmet para Currantes.** A la venta en Amazon y en El Corte Ingles.

⇨ **De la Alhambra a la Mezquita de Córdoba. El Arte Andalusí.** A la venta en Amazon.

OTROS LIBROS COLECCIÓN: UNA CENA EN DOS HORAS.

⇨ **Una Cena Árabe en Dos Horas.** A la venta en Amazon.

⇨ **Una Cena Marroquí en Dos Horas.** A la venta en Amazon.

⇨ **Una Cena de Túnez en Dos Horas.** A la venta en Amazon.

⇨ **Una Cena de Egipto en Dos Horas.** A la venta en Amazon.

⇨ **Una Cena de Siria en Dos Horas.** A la venta en Amazon.

⇨ **Una Cena del Líbano en Dos Horas.** A la venta en Amazon.

⇨ **Una Cena Turquía en Dos Horas.** A la venta en Amazon.

⇨ **Una Cena de Persia en Dos Horas.** A la venta en Amazon.

⇨ **Una Cena de Palestina & Israel en Dos Horas.** A la venta en Amazon.

⇨ **Una Cena Andalusí en Dos Horas.** A la venta en Amazon.

OTROS LIBROS COLECCIÓN: ADELGAZAR COMIENDO.

⇨ **Guía para Adelgazar sin Dietas y Comiendo: Perder Peso sin Pasar Hambre.** A la venta en Amazon.

⇨ **Las Recetas Antikilos.** A la venta en Amazon.

⇨ **Las Recetas de Wok AntiKilos. .** A la venta en Amazon.

⇨ **Diez Súper Alimentos que te harán Adelgazar.** Próximamente.

وَالَّذِينَ لَا يَدْعُونَ مَعَ اللَّهِ إِلَٰهًا آخَرَ وَلَا يَقْتُلُونَ النَّفْسَ الَّتِي حَرَّمَ اللَّهُ إِلَّا بِالْحَقِّ وَلَا يَزْنُونَ ۚ وَمَن يَفْعَلْ ذَٰلِكَ يَلْقَ أَثَامًا ﴿٦٨﴾ يُضَاعَفْ لَهُ الْعَذَابُ يَوْمَ الْقِيَامَةِ وَيَخْلُدْ فِيهِ مُهَانًا ﴿٦٩﴾ إِلَّا مَن تَابَ وَآمَنَ وَعَمِلَ عَمَلًا صَالِحًا فَأُولَٰئِكَ يُبَدِّلُ اللَّهُ سَيِّئَاتِهِمْ حَسَنَاتٍ ۗ وَكَانَ اللَّهُ غَفُورًا رَّحِيمًا ﴿٧٠﴾ وَمَن تَابَ وَعَمِلَ صَالِحًا فَإِنَّهُ يَتُوبُ إِلَى اللَّهِ مَتَابًا ﴿٧١﴾

EL ISLAM O SUMISIÓN A DIOS

"La Giralda de Sevilla."

2. EL ISLAM O SUMISIÓN A DIOS

2.1 Orígenes del Islam

Oficialmente se origina con la huida de Mahoma de la ciudad de comerciantes de la Meca a la pequeña ciudad de Medina, en el año 622, llamándose a esta migración Hégira.

Mahoma, perteneciente a una familia de clase alta, pero sin muchos recursos, se casa con una rica viuda que le dobla en edad, lo cual le permite dedicarse a sus grandes pasiones: el viajar, el aprender, el leer, el escribir…

Ese largo aprendizaje cultural, para comprender los males que afectan a su amada tierra, Arabia y el mundo en general, le iluminan, según los musulmanes por Ala, para dar la respuesta y solucionar ese caos que representa los Siglos VI y VII.

Este Siglo VII, que conocemos en Europa como el Inicio de la Edad Media, más bien debería llamarse Edad de las Sombras.

2. EL ISLAM O SUMISIÓN A DIOS

2.2 Porque Surgió el Islam

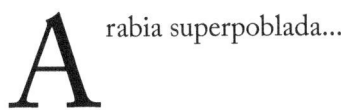

A rabia superpoblada...

Arabia superpoblada, con numerosas ciudades comerciales, que habían vivido durante siglos de ser intermediario entre el Comercio de Oriente y el Comercio del extinto Imperio Romano, ya carece de los recursos en plata y oro para comprar alimentos para su población, que fallecen por miles del hambre, falta de higiene, mientras una elite cada vez más reducidas, monopolizan todas sus riquezas.

Tribus nómadas que colaboraban antaño en las amplias caravanas, como camelleros o escoltas, ya sin ingresos estables, sin alimentos que debían comprar en lejanos países, puesto que el Desierto solo es generoso en arena, sol y muerto, se dedican al saqueo de las escasas caravanas que aún perduran, o a matarse entre ellas, por unos kilos de trigo.

En conclusión, superpoblación, escasez de alimentos, escasez de empleo, violencia generalizada, es el ambiente ideal para grandes cambios…

2. EL ISLAM O SUMISIÓN A DIOS

2.3 Porque Se expandió. Factores Sociales

Una religión que unifica el caos de principios del Siglo VI, cuando la desesperanza y la pobreza abarcaban a la mayor parte de la población de Arabia.

Una Religión que Simplifica, el caos de la Religión Cristiana, demasiado elitista e incompresible para la mayor parte de la población, por su compleja teología.

Una Religión Proselitista, o que trata de convertir a todos, en cambio la Religión Hebrea es cerrada, siendo casi imposible pertenecer a ella, solo el ser hijo de una mujer judía te lo permite.

Una Religión que Premia en Vida, con riquezas materiales o familiares, cohesionando la sociedad.

Una Religión que Permite que cualquiera se convierta en líder espiritual (sacerdote o ulema), a la vez que mantiene su núcleo familiar y económico.

Una Religión que escribe sus hechos en un Libro, pero compresible para todos.

2. EL ISLAM O SUMISIÓN A DIOS

2.4 Porque Se expandió. Factores Políticos

L a Iconoclastia o la Guerra Civil entre Cristianos, pues numerosos eran los Obispados, el de Roma, el de Constantinopla, el de Alejandría, este ultimo el más antiguo e influyente en todo Oriente y el Magreb.

La Iconoclastia o la Guerra Civil entre Cristianos, pues numerosos eran los Obispados, el de Roma, el de Constantinopla, el de Alejandría, este ultimo el más antiguo e influyente en todo Oriente y el Magreb.

Roma como capital religiosa y política de la Europa Occidental, Constantinopla como capital religiosa y política de la Europa Oriente, y Alejandría como capital religiosa en todo Oriente y el Magreb, pero sometida políticamente a Occidente, que trata de imponer con sangre y fuego su visión del cristianismo a esa Alejandría.

Esa Alejandría que se niega a reconocer las imágenes de personas o Iconoclastia, como parte del Cristianismo primigenio, esa Alejandría, que mantiene una verdad más pura con respecto al cristianismo, es sometida una y otra vez a la tiranía de los herederos del Imperio Romano.

2. EL ISLAM O SUMISIÓN A DIOS

2.5 Porque Se expandió. La Explosión

Una Arabia unificada, por un nuevo profeta, con una Religión mas desecada a sus tiempos, conquista fácilmente este Oriente y Magreb, puesto que los cristianos de estas amplias zonas tienen más en común con el Islam, que con ese Cristianismo elitista europeo, y de paso, se ahorran esos abusivos impuesto que les exigen desde las lejanas Roma y Constantinopla.

Un líder religioso, el Califa, descendiente de Mahoma, es su líder político unificador, puesto que NO existe una separación entre religión y política, el concepto occidental de "Lo de Dios para Dios, y lo del Cesar para Cesar", es solo un concepto occidental, incompatible con el Islam y el buen musulmán.

Primero la familia de los Omeyas, a posteriori las de los Abiisies, son los nuevos Califas del mundo islámico.

Desaparecidos estos, reinos minúsculos o Taifas, gobernados por señores de la guerra, aparecen y desparecen periódicamente, pero sin legitimidad religiosa o política.

Nuevos Califatos surgen, pero de duración limitada, los Almorávides o Almohades en el Magreb, o el Imperio Otomano en Oriente y los Balcanes que perduro cinco siglos, y actualmente incipientes Califatos como el de Siria e Irak, que simplemente se limita a copiar el Califato de los Nazaríes o Asesinos de los Siglo X al XIII, la implantación del Islam por la violencia extrema.

2. EL ISLAM O SUMISIÓN A DIOS

2.6 Porque Se sigue Expandiendo

En pleno Siglo XXI, los problemas originales de los Siglos VI y VII se repiten, Unas Elites acaparan las riquezas dejando al resto de la población en la pobreza, un Mundo Occidental acaparan las riquezas y tratan de imponer una visión corrupta del mundo (ateísmo, promiscuidad, carpem diem, etc).

La sencillez del Islam, fuera de grandes discusiones filosóficas occidentalitas, con un método de aprendizaje muy eficaz, la Repetición: Rezar Cinco veces al día, Repetir mil veces las mismas frases slogan en cada rezo, Ayunar cuarenta veces seguridad o el Ramadán, leerse Mil veces el Corán, hasta que se aprende letra por letra, y podemos dictarlo de memoria, es otro de sus pilares, para que cada vez se impongan a otros religiones o en países ateos (laicos según concepto occidental).

Debemos recordar que todo buen musulmán, tiene una serie de obligaciones, ayudar al pobre o la limosna, formar una Familia, convertir a los miembros de otras religiones al Islam.

También dejo claro Mahoma, que los Ateos y otras gentes sin valores o moral, jamás serán buenos creyentes, por lo cual, algunos interpretan, que el uso de la violencia contra ellos, estas justificada.

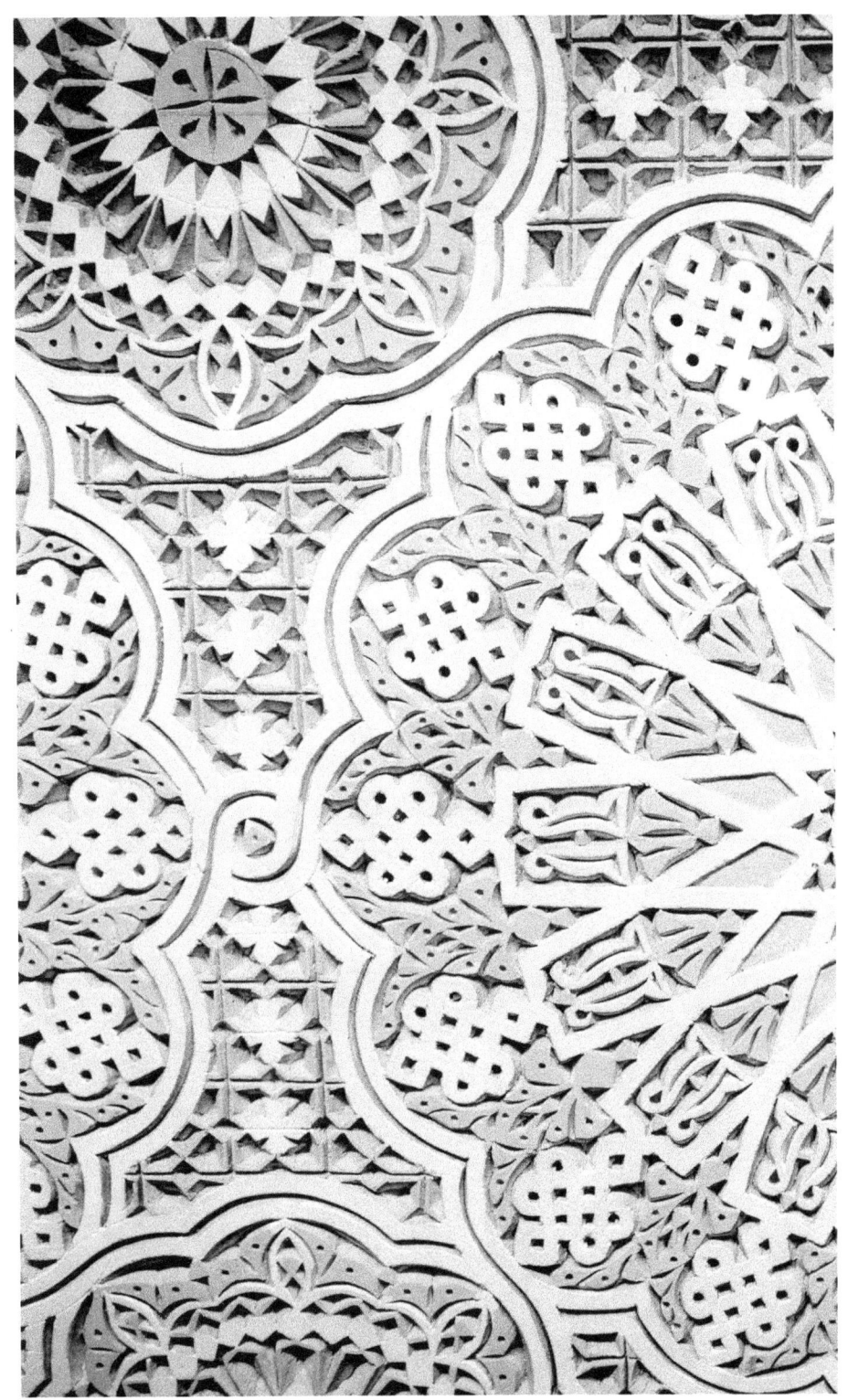

EL ISLAM Y EL ARTE

"La Giralda de Sevilla."

3. EL ISLAM Y EL ARTE

3.1 Islam es Arquitectura

El Islam, como el Cristianismo primitivo, prohíbe expresamente la representación de seres vivos, de personas, solo recordar la actitud de Jesucristo en el Templo, cuando expulsa violentamente a los mercaderes.

Por ello, la Escultura o Pintura, desparecen de su Arte, existiendo otras alternativas, como el Baile para alcanzar el éxtasis con Dios o Derviches, pero ya en siglos mas tardíos, estrictos ulemas lo prohibieron, por incitar a la desidia o la lujuria.

Es la Arquitectura donde se representa la grandiosidad del Islam, pero entendiendo que lo único eterno es Ala, por ello sus construcciones, a nivel arquitectónico emplea materiales de baja calidad (ladrillos de barro), edificas de una sala planta, decorándolos con exquisitez para ocultar esta fragilidad constructiva y de paso, engrandecer la belleza de las palabras del Profeta y su sometimiento a Ala.

3. EL ISLAM Y EL ARTE

3.1 Islam es Arquitectura

El Islam, como el Cristianismo primitivo, prohíbe expresamente la representación de seres vivos, de personas, solo recordar la actitud de Jesucristo en el Templo, cuando expulsa violentamente a los mercaderes.

Por ello, la Escultura o Pintura, desparecen de su Arte, existiendo otras alternativas, como el Baile para alcanzar el éxtasis con Dios o Derviches, pero ya en siglos mas tardíos, estrictos ulemas lo prohibieron, por incitar a la desidia o la lujuria.

Es la Arquitectura donde se representa la grandiosidad del Islam, pero entendiendo que lo único eterno es Ala, por ello sus construcciones, a nivel arquitectónico emplea materiales de baja calidad (ladrillos de barro), edificas de una sala planta, decorándolos con exquisitez para ocultar esta fragilidad constructiva y de paso, engrandecer la belleza de las palabras del Profeta y su sometimiento a Ala.

3. EL ISLAM Y EL ARTE

3.2 Islam es Arquitectura Religiosa y Califal

La **Mezquita** y secundariamente la **Madraza**, son sus primeras obras arquitectónicas.

La Mezquita, un edificio de una solo planta, rectangular o en forma de T, abierto, capaz de albergar miles de creyentes para el rezo, todo unidos sin diferencias sociales, siempre mantiene una estructura básica: Un gran patio, con una fuente para las ablaciones o limpieza, una Sala de Oraciones o Haram, que suelen ser numerosas naves soportadas por frágiles columnas en arco, un muro o Gibla en dirección a la Meca, el Mihrab o un nicho que nos indica el lugar exacto donde está la Meca, y el Minarete o Alminar, donde un ulema especializado llama al rezo.

Existen diferentes mezquitas, que se escapan de estos estilos más clásico, como la octagonal, de la cual la Mezquita del Haram de La Meca es un buen referente.

La Madraza o Escuela Coránica, suele ser un edificio anexo a la mezquita, disponiendo, además de las habituales aulas, de una zona de dormitorios para los alumnos y profesores, además de patios y pequeños jardines.

El **Palacio para el Califa** o Reyes, y **Mausoleos** para su descanso eterno, son sus otras obras arquitectónicas.

La **estructura de los Palacios** Musulmanes, se basa en un Pabellón o Palacete, con un espacio abierto en su centro, con una Fuente y pequeños jardines regados, y alrededor se sitúan las diversas salas o habitaciones.

La amplitud y números de estos pabellones es variable, dependiendo del periodo histórico.

En el exterior, amplios jardines y estanques con agua fresca, con una gran plaza para actos oficiales o desfiles militares, todo ello situado dentro de una Alcazaba, con un grueso muro de ladrillos rojizos (barro con agua secados al sol, de arena rica en hierro, que les da ese característico rojo).

3. EL ISLAM Y EL ARTE

3.2 Islam es Arquitectura Religiosa y Califal

La Arquitectura militar o Alcazaba, se entremezcla con el Palacio, ya que su objetivo es defender a sus líderes, que son a la vez religiosos y políticos, ajunos con un pequeño Pabellón o Palacio, otros con múltiples Pabellones.

Disponen de numerosas viviendas para los soldados y sus familiares, un gran Aljibe o depósito de agua para poder resistir prolongados asedios, y un Alcázar, es decir, un pequeño castillo, mas fortificado aun, por si lograban penetrar sus defensas.

El Mausoleo o Tumba de los Califas o Reyes, suelen ser cuadrados, con una cúpula en la parte superior, y una zona ajardinada a su alrededor, y una cuidada decoración interior, donde abundan los motivos labrados en Oro, mármol y madera.

3. EL ISLAM Y EL ARTE

3.3 Islam y Elementos Arquitectónicos

Tres son los elementos que destacan en su construcción, utilizando como material base débiles ladrillos (barro con agua secados al sol):

El **Arco de Herradura visigodo,** mal llamado arco árabe, de orígenes iberos, pero de uso extensivo por la arquitectura religiosa y palaciega visigoda, ya casi extinta, por la destrucción sistemática a que fue sometida por los árabes y los nuevos conversos musulmanes.

Diferentes versiones aparecen a posteriori, arco de herradura apuntado o túmido en forma de ojiva o punta, arco de herradura lobulado que son varios arcos multiplicados dentro de un arco de herradura principal, el arco de herradura mixtilíneo que son una combinación de aros curvos o de herradura con líneas más rectas, arcos de herradura cortinas que son dos arcos yuxtapuestos, etc.

La **Cúpula Bizantina,** mal llamada cúpula árabe, ya que originalmente las mezquitas carecen de cúpulas, a posteriori, se empiezan a implantar, pero construidas en ladrillo y madera, de escaso peso, pero decoradas extensamente para aparecer imponentes, y no es hasta la conquista de Constantinopla, por los Otomanos, cuando empiezan a construir en piedra.

El **Alfiz,** de origen etrusco romano, que se utiliza en Al Ándalus en el ya temprano siglo VIII, y se expande a los países musulmanes, es simplemente, una moldura o marco, que protege y embellece al arco de herradura.

A posteriori, llega hasta el suelo, aportando una belleza extra, ya que sobre él se utilizan diferentes métodos decorativos.

Adicionalmente, pequeñas columnas cilíndricas de piedra o mármol, sustentan los arcos y el techo, sin base, y en la parte superior, el capitel, son de estilo bizantino, de caras planas muy decoradas.

3. EL ISLAM Y EL ARTE

3.4 Islam es la Decoración en la Arquitectura

Esta precariedad en los materiales constructivos (ladrillo) y asumir que lo único eterno es Ala, hacen que surja una explosión en la decoración, fundamentada en:

Yeserías o Estuco, diferentes variedades de lo mismo, protegen las paredes de ladrillo, y son utilizados como base para una exquisita decoración, ya sea mediante arabescos, caligrafía árabe, o tintes de colores múltiples.

La Madera, de la cual el Cedro del Atlas era la más demandada, finamente labrada con motivos arabescos, y a posteriori recubierta de diferentes tintes de colores variados, es muy utilizada para recubrir bóvedas, arcos y paredes.

Los Azulejos, ya utilizados en la Persia de los Aquemidas, que lo aprendieron de los Asirios o quizás antes, es una pieza de cerámica o barro, con una de sus caras vidriada, aplicando un barniz que al cocerlo deja ese brillo característico, pero fue en Al Ándalus donde alcanzo su mayor esplendor, con sus formas geométricas propias, se volvió a expandir al mundo árabe.

Suelen ser utilizados en las paredes, más cercanas al suelo, una costumbre que aun se mantiene en muchas casas andaluzas.

Al no poder representar seres vivos, y en particular personas, los motivos aplicados son:

Figuras Vegetales o Arabescos, que son motivos basados en hojas de palmeras, granados, piña, de forma estilizada, que se mezclan y superponen, de forma ordenada, hasta ocupar toda la superficie, representando diferentes figuras geométricas.

Caligrafía, árabe cursiva, normalmente con frases del profeta Mahoma, en otras ocasiones proverbios, ya que en la cultura musulmana la palabra escrita, ya sea en forma de Libro o en las paredes, tienen el máximo respeto, siendo inclusive sagrada según el concepto occidental, por ello, el insulto escrito hacia el Islam, es algo que un musulmán nunca perdonara.

3. EL ISLAM Y EL ARTE

3.5 Islam y Estilos Arquitectónicos

Cuatro son los estilos arquitectónicos: **Califal, Taifal, Almorávide-Almohade y Nazarí,** acompañados de estilos regionales con una identidad propia, ya sea el **Mudéjar** español, la Otomana, la Tumurida, la Mogul o la Afro islámica.

3.5.1 El Estilo Califal, destaca por dos grandes obras.

E stilo Califal.

La Meca, con su Mezquita del Haram, de origen Omeya y liego ampliada por los Abasíes, reformada en el Siglo XX, para dar cabida a más de un millón de personas pero su acceso es imposible para los no creyentes.

Córdoba, con su Mezquita Catedral o Catedral de la Asunción de Nuestra Señora, construida sobre una previa Basílica cristiana visigoda, mandada construir por el primer emir Omeya de Al Ándalus, Abderramán I, el único superviviente de la matanza cometida por Abasíes a su familia.

Construida con columnas de origen romano y visigodo, imitando a un palmeral, recordando a los extensos palmerales de su Damasco natal.

Fue ya el proclamado Califa Abderramán III, quien construye un nuevo minarete, que aún perdura dentro del campanario, pero es su sucesor Alhakén y el tirano Almanzor quienes les da su esplendor definitivo, ampliándola, añadiendo cúpulas bizantinas y puertas en arco de herradura, bellamente decoradas, en Oro, Estuco, Arabescos, etc.

Con la conquista de la ciudad por las tropas cristianas de Fernando III de Castilla, se transforma en catedral, respetando la mayor parte de su arquitectura de estilo califal, y ocultando el resto a las miradas de los cristianos as rígidos.

Descubrirla solo merecería un extenso libro, no está brece introducción, y solo recordar que está abierta a su visita a cualquier persona, sin incorporar sus creencias, sexo o color.

Existía otra gran mezquita, que era digna de incluir en este listado, la **Mezquita de al-Mutawakkil de Samara** en Irak, pero fue destruida parcialmente tras la conquista mongola, y la Guerra Civil en Irak, ha rematado el fin de esta obra cumbre del estilo califal abasíes.

3. EL ISLAM Y EL ARTE

3.5.1 El Estilo Califal, destaca por dos grandes obras.

Con respecto a los **Grandes Palacios de estilo Califal,** los de origen Omeya en Damasco, hace tiempo que se extinguieron, y los de la dinastía Abasíes en Samara, corrieron el mismo destino, y el tercero de ellos, el de los Omeyas andalusíes:

Medina Azahara, el último de los grandes palacios califales, terminado de construir por Almanzor en la Córdoba Imperial, aun se puede visitar, aunque sus restos solo nos dan una visión limitada de su pasado esplendor.

Una **autentica Ciudad Palacio,** con tres partes bien diferenciadas, que ocupaba un millón de metros cuadrados, entre las cuales destaca el Palacio o residencia de los Califas y/o Almanzor, la mejor conservada o Ciudad Oficial con los palacetes de los Visires o Ministros, de la Guardia Imperial, edificas Administrativos con sus amplios jardines, y la tercera ciudad, la de las viviendas de los comunes (soldados, artesanos, funcionarios).

Todo ello separados por murallas defensivas, y como nexo de unión, la Mezquita Aljama, pero describirlo todo en breves palabras no es posible, así que, viajar a Córdoba es imprescindible si deseamos saber que es el Arte musulmán califal.

3. EL ISLAM Y EL ARTE

3.5.2 El Estilo Taifal, propio de Al Ándalus

Estilo **Taifal.**

El Estilo Taifal, propio de Al Ándalus, se extendió por el resto del mundo árabe, y destacan por dos tipos arquitectónicos, **el Palacio Fortaleza y la Alcazaba militar.**

Dos ejemplos representan del **Palacio Fortaleza Taifal,** uno en la lejana **Jordania y otro en España.**

Palacio de Msatta, en Jordania, el primero en ser construido, como residencia de invierno de los Omeyas, con el típico muro de ladrillos rojizos, con un mínimo de 25 torreones defensivos, una pequeña zona palaciega con unos amplios jardines, la omnipresente mezquita, bóvedas arqueadas, pero solo encontremos ruinas mal conservadas si nos decidimos a visitarla.

Palacio Fortaleza de la Aljafería, perfectamente conservado, situado en Zaragoza, del Siglo XI y Patrimonio de la Humanidad, en su aparte más antigua, la Torre del Trovador del Siglo IX, es su primer baluarte defensivo, con los omnipresentes arcos de herradura, caligrafía mudéjar.

Construido de forma cuadrada irregular, con altos torreones defensivo, en cuya parte central se encuentra las residencia reales, rodeadas de unos hermoso jardines, fuentes y un gran aljibe, y una mezquita para uso exclusivo de los reyes taifales, todo ellos nos recuerda a las fortalezas palacios del lejano desierto de Oriente Medio.

Con su conquista por los cristianos, se construye una Iglesia de estilo gotico-mudejar, se amplía la zona palaciega con habitaciones de estilo mudéjar, y como residencia temporal de los Reyes Católicos, se amplía la decoración con motivos que nos recordaran a ese nuevo estilo llamado Renacimiento.

El mismo dilema, describir algo en diez líneas, cuando se necesitarían cien páginas como mero resumen, por ello, mejor viajará a disfrutarlo…

3. EL ISLAM Y EL ARTE

3.5.2 El Estilo Taifal, propio de Al Ándalus

Las **Guerras continuas son típicas** de este periodo, donde docenas de reyezuelos hacen que su pueblo malvivía y sangre por ellos, y fiel reflejo de ello, son las Alcazabas, fortalezas militares que protegían las ciudades del asedio enemigo, muchas fueron construidas, pero solo una destacada entre ellas, por su conservación, calidad en los materiales y tamaño.

La Alcazaba de Málaga, construida en las laderas del Gibralfaro, con su imponente Castillo de origen romano, pero ampliado como reserva de tropas, en caso de que la Alcazaba fuera atacada o fuera conquistada.

Con sus más de quince mil metros, que ponía mantener a una guarnición de diez mil soldados, similar en tamaño al Crac de los Caballeros, esa olvidada fortaleza que construyeron los cruzados, que resistió el asedio de Saladino, y aun en pleno Siglo XXI es utilizado como base militar inexpugnable.

Dilema es su origen, algunos dicen que lo construyo el Rey de la dinastía Ziri, Habús, saqueando el Teatro Romano que se encuentra a escasos metros, otros, que era de origen romano, siendo ampliado por dicho rey, todo esto referido al Siglo X.

Almorávides, Almohades y Nazaríes granadinos lo amplían, resintiendo el asedio de los Reyes Católicos durante meses, en el año 1487 y como castigo, se extermina a toda la población masculina, y a los niños y mujeres son vendidos como esclavos, para financiar el ataque a la Granada nazarí, y la ciudad es repoblada por cristianos, de la cual descienden todos los malagueños actuales, por mucho, que incultos actuales malagueños, hablen de la sangre árabe que corre por su venas.

Un parte exterior, con una triple muralla defensiva, numerosos torreones, estrechas puertas que recorren amplios pasadizo para que sea más difícil su acceso, destacan en esta parte de la construcción.

Numerosas puertas, como las de la Columnas o del Arco y bóvedas deberemos atravesar, pasando por la Plaza de Armas, donde una incipiente artillería defendían el Puerto de los buques enemigos, para llegar a los Palacios Taifal y Nazarí.

En la parte superior, se encuentra los Cuartos Granada, de claro estilo

3.5.2 El Estilo Taifal, propio de Al Ándalus

nazarí, con sus arcos de herradura decorados, su alberga y fuentes, pequeños jardines, donde residían los gobernadores o caíd musulmanes.

También están las habitaciones de estilo Taifal, mas sobrias, pero hermosas a la vez.

Un típico barrio de viviendas, donde residían las soldados, forma parte de su diseño, en la parte superior de la Alcazaba.

Mi amiga Narda, gran conocedora de la Alcazaba malagueña, hará de guía en esta visita a ese pasado andalusí malagueño.

3. EL ISLAM Y EL ARTE

3.5.3 El Estilo Almorávide y Almohade

Estilo **Almorávide y Almohade.**

El Estilo **Almorávide y Almohade,** el primero ya desparecido, aunque algunos pequeños detalles podremos encontrar **en Marrakech,** capital del Imperio Almorávide, **La Cúpula Almorávide o Qubba Barudiyne,** una verdadero obra de arte (en mi nuevo libro, Un Viaje Gastronómico por el Magreb, obtendréis mas información), o la **Mezquita de Tremacen,** en Argelia, pero poco mas queda de ello, siendo destruido su patrimonio arquitectónico, por otro Imperio, más intolerantes.

El Estilo **Almohade,** destaca por la utilización de los **mocárabes** (prismas yuxtapuestos, que son como estalactitas, que caen de las bóvedas, que luego copiaron el estilo nazarí y mudéjar).

En la decoración destacan por su sobriedad, haciendo escasos uso del estuco, maderas policromadas, etc.

En lo arquitectónico, imitan las mezquitas almorávides, pero impresionan con sus minaretes o alminares, desde el cual los ulemas llaman al rezo, la mayor es la Kutubía de Marrakech, con 69 metros de altura, sus azulejos verdes o sus bolas de Oro puro.

La de Rabat, está incompleta, pero aun impresiona los cientos de columnas de mármol, ese esqueleto incompleto de la que a ser la mayor mezquita del mundo.

O la de Sevilla, **la Giralda,** reciclada a campanario de esa Catedral, que incorpora medias docenas de estilos arquitectónicos.

Dos capitales imperiales debemos visitar si deseamos aprender del **Arte Almohades, Marrakech y Sevilla.**

3. EL ISLAM Y EL ARTE

3.5.3 El Estilo Almorávide y Almohade

En Marrakech, además de la Kutubía, la **Puerta Bab Agnaou** con bonita decoración, con motivos florales y arcos de herradura, el Estanque de Menera de 30.000 metros cuadrados rodeado de un inmensos olivar, o los Jardines de Agdal destacan entre ellos, y si vamos a la otra ciudad almohade, Rabat, e encontraremos la Kasbah de los Oudayas con su destacable Puerta de Bab el Kebir, mas emparentado con el Arte Militar que es la Alcazaba.

En Sevilla, además de la Giralda, aun perdura la **Torre del Oro,** siendo dodecágonal (doce lados) en su base, que formaba parte de las murallas defensivas de la ciudad, que debieron ser impresionantes, además de diversas Alcazabas militares como la de Badajoz que aún conserva uno de sus Torreones defensivos.

Lo que es único, un Palacio con trazas Almohades, ya que su austeridad, pues preferían la militar a lo civil, es el **Real Alcázar de Sevilla.**

El Real Alcázar de Sevilla fusiona los estilos califales y almohades, con el gótico y el renacentista europeo, con el gran desconocido, una arte propio español, el arte mudéjar.

En los Jardines del Real Alcázar, encontremos **el Jardín andalusí** entre las características propias del Renacimiento, fundiendo confundirse con ese Paraíso prometido a los mártires musulmanes.

Otro dilema, uno de tantos, pues describir una de las obras cumbres del arte andalusí, almohade, mudéjar y renacentistas como es el Real Alcázar de Sevilla, es imposible en breves palabras, por lo cual, lo dejaremos para una visita a Sevilla.

3.5.4 El Estilo Nazarí

E stilo **Nazarí.**

El Estilo Nazarí, objetivo de esta breve introducción, la detallamos en un capitulo exclusivo, pero debemos recordar, que además de a **Alhambra**, a posteriori, de mano de la dinastía Saaides, se construyo el **Palacio de El Badi**, estilo nazarí rebosante, y para imaginarnos su tamaño, con una pequeña parte saqueada de esa inmensidad fue construida toda una Ciudad Imperial, la de Meknes.

3.5.5 El Estilo Mudéjar

E stilo **Mudéjar**

El Estilo Mudéjar, algo propio exclusivo de España, se desarrolla en la España Cristiana de mano de súbditos musulmanes, quizás debería ser llamada Arte Español, pero al ser desconocidos por terceros, y confundido por muchos incultos con otros estilos (califal, nazarí, gótico, renacentista), le dedicamos un capitulo exclusivo.

3.5.6 Otros Estilos del mundo Islámico

Estilos **del mundo Islámico.**

Otros Estilos del mundo islámico, es el **Mogul o Islámico de la India,** destacando ese Mausoleo Musulmán llamado **Taj Mahal,** o el Timúrida, con su Gur-e Amir o Mausoleo de Tamerlan en Samarcanda, con un inmenso bloque de jade verde que protege su Tumba, o **el Otomano,** con su **Mezquita de Süleymaniya,** y el más desconocido, el Afro Islámico, identificado por la **Mezquita de Djingareyber de Tombuctú,** del año 1327, obra del genial arquitecto andalusí Abu Haq Es Saheli.

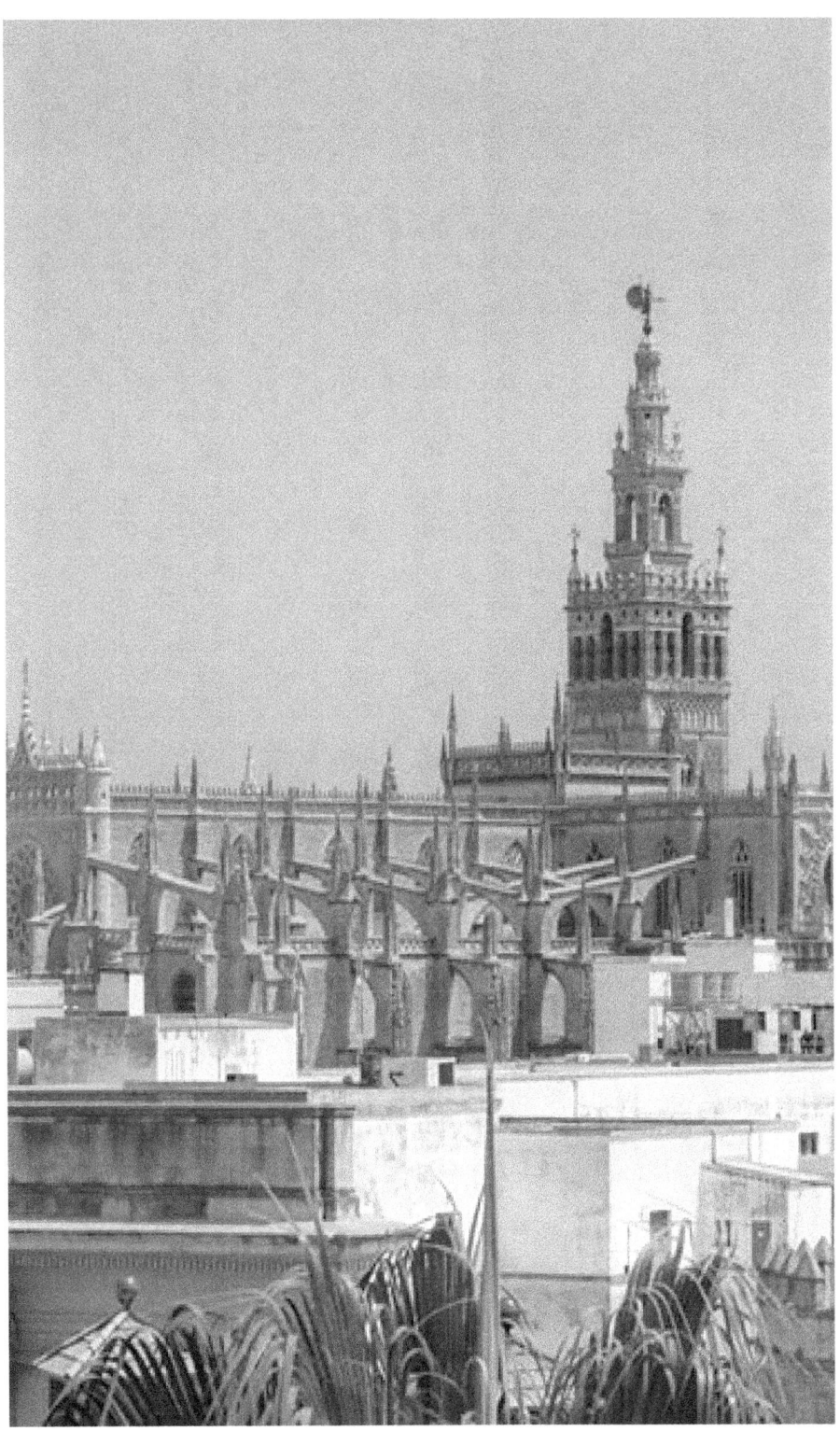

SEVILLA TAIFAL

"La Giralda de Sevilla."

4. SEVILLA TAIFAL

4.1.1 Sevilla Fenicia o Ispal

Invierno e Infierno, esas son las dos estaciones, desde los remotos tiempos en que un Miguel de Cervantes se inspiraba en esos callejones del Barrio de Triana, repleto de marineros, buscavidas, tabernas de dudosa reputación…

Así es esa Sevilla que ya va por su tercer milenio, **dual o con doble personalidad,** de eterna rivalidad por la capitalidad de esta Bética reconvertida en Al Ándalus, con la Córdoba Romana o Califal, o por la capitalidad económica con Málaga, con sus dos equipos de futbol, el Betis que representa a esa Sevilla más popular, representada por Triana, y el Sevilla C.F, ídolo de ese símbolo ya tópico, el señorito "andaluz".

Gente amable estos sevillanos, os lo cuenta uno que vivió allí algunos años, pero muy suyos, como se dice por el Sur, en parte culpa de ese Río Guadalquivir que les dio vida…

4.1.2 Sevilla Fenicia o Ispal

Un rico comerciante fenicio llamado Melkart...

Un rico comerciante **fenicio llamado Melkart,** ya en año 1000 a.c., navegaba por ese río **Tarsis o Guadalquivir,** en busca de las minas de oro y plata de Sierra Morena para **aumentar sus beneficios y ahorrarse los impuestos** de esa Tartesos mítica, que encuentra al final de su navegar una pequeña pero estratégica isla, en pleno corazón del ya **extinto Lago Ligustinus,** fundando la que sería la primera Sevilla o Ispal.

Ispal, situada en los alrededores **Cuesta del Rosario,** debió alcanzar los 100.000 metros cuadrados, aunque la parte edificada sería apenas un 30% del total, pero lo más interesante **es la mitología,** que algunos lo llevan como si fuera cierto, pues ese Melkart era un magnífico publicista, **exagerando sus hallazgos y aventuras,** como que venció a **Ejércitos de Gigantes** y otras ilusiones que un **buen vino de la tierra andaluza le inspiraban al narrar** y aún lo podemos leer, eso sí, **algo cambiado con el paso del tiempo,** pues ahora **se llaman Los Doce Trabajos de Hércules,** pues Melkart es difícil de pronunciar, y Hércules es su nuevo nombre, más civilizado y mas fácil de recordar.

Íberos eran los habitantes de esta ciudad de Ispal, pues los fenicios siempre fueron una minoría extranjera de comerciantes que residían unos años, regresando a su amada Fenicia, que es el Líbano actual, con los beneficios obtenidos en esos años de negociaciones.

4. SEVILLA TAIFAL

4.2.1 Sevilla o Ispal Tartésica e Íbera

En qué lugar desconocido estaría asentada esta Tartessos?.

Quizás en **algún lugar del Lago Ligustinus,** ahora enterrado bajo cientos de metros de lodo y tierra, durante siglos la han buscado sin encontrar, aunque es habitual escuchar en cada uno de los mil pueblos de Al Ándalus, que está situada a escasos metros de donde nos sentamos a saborear un refrescante gazpacho, en esas horas veraniegas de calor extremo, y Sevilla no es la excepción.

Esos cinco siglos de esplendor, de la primera Civilización de Europa, permitió que muchas ciudades se enriquecieran, muestra de ello es el polémico Tesoro del Carambolo.

⇨ **El Tesoro del Carambolo,** una de las grandes maravillas jamás vista de extintos Imperios, encontrado a las afueras de Sevilla, destacando un brazalete de Oro, aunque son más de veinte las piezas localizadas en el año 1958, adornadas con piedras preciosas ya desaparecidas, polémico y maldito a decir de muchos, casi medio siglo después aún no está disponible para admirar su belleza por los apasionados del arte, se muere de vejez en una decadente caja fuerte por esa desidia administrativa que los diferentes señores de la guerra locales, ya reciclados en barones territoriales o señoritos andaluces.

Polémico también es su origen, primero Tartéssico, luego fenicio en homenaje a la diosa Astarté, todas estas piezas fueron creadas entre los siglos VII y V a.c., con Oro procedente de Sierra Morena, labrados por artesanos andaluces, orientados por maestros fenicios, y para olvidarnos de la tristeza de estos hechos, solo recordar que en el Museo Arqueológico encontraremos algunas imitaciones en cartón piedra…

Los múltiples reinos turdetanos, señoríos decadentes donde reyezuelos de segunda, mal gobiernan, provocando guerras continuas por los despojos de siglos pasados, son los que sustituyen a esa Tarsis o Tartesios unificadora, aunque quedan comerciantes fenicios, pero pocos, nuevos amos, hermanos de los anteriores, los cartagineses.

4. SEVILLA TAIFAL

4.2.1 Sevilla o Ispal Tartésica e Íbera

Amilcar Barca, General cartaginés, que vió perdidas las colonias sicilianas ante el nuevo Imperio Romano en la primera Guerra Púnica, con su ejército de mercenarios del Norte de África y de íberos vendidos al mejor postor, invade el Sur de la Península de Iberia, a sangre y fuego, avanzando por el Río Guadalquivir para alcanzar esas míticas minas de oro y plata del extinto reino Tartesso, situada en Sierra Morena, mas allá de la Córdoba actual, pero algunos resisten, el líder turdetano Istolacion organiza un ejército mal armado, y se fortifican en esa Ispal, que resiste días, pero lo inevitable sucede, siendo los cientos de supervivientes los crucificados ante la mirada impávida de Amilcar Barca, sucediendo tan desgraciado suceso en el año 237 a.c.

Solo recordar que tanta destrucción, eliminó ya ese pasado íbero, tartéssico o turdetano de la historia y la arqueología...

4. SEVILLA TAIFAL

4.3.1 Sevilla Romana o Itálica

L egiones romanas de Escipión el Africano.

En el año 206 a.c., el ejército cartaginés, al mando de Asdrúbal Giscón, superior en tropas y armas, se enfrenta a las Legiones romanas de Escipión el Africano en la Batalla de Ilipa, donde las líneas de mercenarios norteafricanos cartagineses son deshechas con rapidez, pero **las tropas hispanas** o íberas al servicio de Cártago, **resisten durante horas**, pero es en vano, pues la derrota es inevitable y los **líderes cartagineses huyen a galope tendido,** mientras las legiones se dirigen hacia Ispal o Sevilla.

Pequeña resistencia es la de Ispal a las legiones, no desean sustituir antiguos amos por nuevos, y ese Asdrúbal desconfiado había reclutado a la fuerza a los jóvenes ispalíes en sus tropas, pero destinándolos al lejano Norte de Hispania, donde los romanos y bárbaros aún vestían con pieles de animales, campan a sus anchas, pero a las invencibles Legiones nada les puede detener, siendo fácilmente conquistada la ciudad, pero su **lealtad no era de fiar** en opinión de Escipión el Africano, ante lo cual **funda una nueva ciudad,** a escasos kilómetros de distancia.

4.3.2 Sevilla Romana o Itálica

Vicus Italicensis o Itálica.

Vicus Italicensis o Itálica, la nueva ciudad **para las élites romanas,** forma parte de esa dualidad habitual en Sevilla, continuando existiendo Ispal ya llamada Híspalis, para los nativos o íberos, también llamados turdetanos.

Fue la **primera ciudad construida en la Hispania romana,** y la primera construida fuera de la península Itálica, la más antigua de las ciudades hispano romanas, en eterna competencia con la Corduba Romana.

4.3.3 Sevilla Romana o Itálica

L a Ispal reciclada en Hispalis

La Ispal reciclada en Hispalis, se vuelve más vibrante, una próspera ciudad que controla el comercio por la principal arteria de la Bética o Al Ándalus, el Río Betis o Río Guadalquivir, que bajo algunas calles, podremos visualizar algo de ese pasado más plebeyo. En la Calle Mármoles encontraremos varias columnas de algún edificio o templo del cual no podemos adivinar su uso, en **la Alameda de Hércules,** dos impresionantes **columnas recuperadas de Itálica,** rematadas por sendas estatuas de Hércules y Julio César, o el **más eterno Acueducto,** que estuvo en funcionamiento hasta el siglo XX, denominados **Los Caños de Carmona,** aunque son varios los tramos conservados de su vil destrucción en el Siglo XX.

En ese edificio modernista, amado por algunos, odiados por tantos, **Metropol Parasol,** encontraremos un interesante Museo Arqueológico, pudiendo caminar por una pasarela en la que se encuentran viejas edificaciones de ese pasado romano, junto a otros de la época Almohade, aunque lo que sí debemos visitar de manera obligada es el **Museo Arqueológico de Sevilla,** con obras maestras encontradas en toda la Bética, de entrada gratuita y sin agobios de multitudes, eso es lo positivo de de descubrir lugares hermosos alejados unos metros de las rutas más turísticas.

⇨ Debemos en parte **esa grandeza** de esta Hispalis, a ese gran **Julio César,** que fue destinado en varias ocasiones a esta ciudad con diferentes cargos, llegando por primera vez en el año 69 a.c., fundando una nueva ciudad en el corazón de la vieja Ispal, **Colonia Iulia Rómula Hispalis,** que con el paso del tiempo, y por lo largo de su nombre, se quedó en Hispalis.

En pocos años ya no **quedaban íberos o turdetanos,** el pueblo se latiniza, y se **convierten en hispano romanos,** encontrando las primeras referencias en un viejo documento escrito por la mano de Julio César, el Bellum Civile, de interesante lectura para los apasionados de ese período histórico.

4. SEVILLA TAIFAL

4.3.3 Sevilla Romana o Itálica

Dicha Hispalis debió contar con un gran astillero, un Foro acorde a su importancia y un Anfiteatro, que deben ocultarse bajo las cientos de edificaciones de esta moderna Sevilla, amada y embellecida con pasión por Julio César, aunque fue un amor poco correspondido por la otra parte, que eran estos nuevos ciudadanos hispanos romanos.

4. SEVILLA TAIFAL

4.3.4 Sevilla Romana o Itálica

Itálica o Vicus Italicensis.

Itálica o Vicus Italicensis, **sobrevivió durante algunos siglos** como residencia de los más poderosos y ricos de esta Bética, que fueron el centro del mundo durante los Siglos I y II sólo superado en importancia por Roma, siendo ésta gobernada por los que algunos definen mejores emperadores, **los andaluces nacidos en Itálica**, Marco Ulpio **Trajano**, gran arquitecto de Roma, que nos ha legado en esa Italia nostálgica de su pasado, el **Foro de Trajano** o la **Columna de Trajano**, entre otras obras faraónicas.

Buen administrador, castigando ferozmente la corrupción, apoyó el resurgir del Senado, como ente autónomo de gobierno, **conquistó la indómita Dacia,** legando un idioma, el Rumano de cartear latino en un mar de palabras y países eslavos, **sometió la Arabia Pétrea,** que abarcaba la ciudad de Petra, y la mayor parte de Arabia, ensanchando hasta el infinito el Impero Romano, que ningún emperador a posteriori consiguió emular, a pesar de los cientos de intentos.

Generoso con las minorías y los pobres, impidió la persecución de judíos o cristianos, fundó instituciones de ayuda para huérfanos en su alimentación y educación, legisló para tratar de impedir los latifundios apoyando a los pequeños campesinos, y un largo etcétera… esas son algunas de sus obras como Emperador, y para finalizar su obra, **designó sucesor a un Publio Elio Adriano,** evitando crear un sistema hereditario que dieran el poder a hijos negligentes, incapaces de gobernar.

Publio Elio Adriano, nacido en esta Itálica de la Bética o Andalucía, trató de gobernar con eficacia, aunque diversas guerras estuvieron a punto de estallar, pero su habilidad para la diplomacia las evitó, logrando por fin un acuerdo de **paz estable con el Imperio Parto,** para solventar el eterno dilema con los bárbaros del norte de la Britania. Estableció el **Muro de Adriano,** que aún perdura, trató de conseguir una paz estable con los Judíos de Israel, pero líderes religiosos fanatizados lo impidieron, provocando la muerte de miles de inocentes.

4. SEVILLA TAIFAL

4.3.4 Sevilla Romana o Itálica

Su afán constructivo fue importante, teatros y baños públicos para disfrute de los plebeyos, la elección de unos funcionarios para la administración basado en el mérito, no en los lazos familiares, visitando en múltiples ocasiones diversas provincias romanas, desde la Britania hasta la Anatolia, en la actual Turquía, y sin olvidar **Grecia y Atenas**, donde financia la terminación del **Templo de Zeús Olímpico.**

⇨ **Itálica contó con fuertes murallas,** construidas por el Emperador Augusto, ampliadas por Trajano y Adriano, de la cual apenas nada perdura, el ya comentado Museo Arqueológico de Sevilla almacena magníficas obras de este lugar, y entre las obras arquitectónicas que perdura, es el **Anfiteatro Romano de Itálica,** con más de 25.000 asientos, uno de los mayores de Hispania mandado construir por Adriano de más de 20.000 metros cuadrados con tres niveles de gradas, un amplio foso para la lucha de los gladiadores, quizás uno de los mejores conservados, pero su saqueo sistemático perduró hasta el Siglo XX. Si nos desplazamos por la antigua carretera de Extremadura, veremos que sus cimientos, se extrajeron de la "cantera de Itálica" y de esto hace pocas décadas, su planta original mantiene una gran similitud con el Coliseum romano, aunque de menor tamaño.

El **Teatro romano de Itálica,** la primera gran obra arquitectónica de la Hispania Romana, se construyó en el Siglo I a.c, pero sus reformas continuaron otros dos siglos, siendo utilizado hasta un tardío Siglo V, con capacidad para 3.000 personas, supera ampliamente la mayor parte de los Teatros actuales, pues grande era la afición por este arte, manteniendo la estructura clásica, semicircular, con la zona de gradas, dividida en tres niveles, cada cual destinada a un público de diferentes riquezas, patricios o nobles, caballeros de clase ecuestre o ricos comerciantes y plebeyos o el pueblo, y si nuestro tiempo y presupuesto es elevado, asistir al **Festival Internacional de Danza Itálica,** es un privilegio que nos hará retroceder casi veinte siglos en el tiempo.

Las **Termas romanas de Itálica,** fueron varias, pero las Termas Mayores, de 30.000 metros cuadrados, construidas por Adriano, con **suelo de mármol y mosaicos de gran calidad,** contaban con frigidarium o baños fríos, tepidarium o baños templados, caldarium o baños calientes, natatio o piscina, gimnasio, biblioteca, etc.

También podemos visitar el Traianeum o Templo dedicado al emperador

4.3.4 Sevilla Romana o Itálica

Trajano, múltiples **Villas o Casas Patricias,** donde habitaban las familias más importantes de planta romana con un patio interior, thermas privadas, habitaciones para los señores y habitaciones serviles para esa legión de esclavos y libertos que eran necesarias para su funcionamiento, son muchas para ser nombradas, aunque la **Casa del Planetario y de los Pájaros,** con espléndidos mosaicos bien conservados, son de obligado paso.

Muchos son los elementos originales que se conservan, siendo aún más los que aún no se han descubierto, que con una decadencia que se inicia a principios del Siglo IV, quedando como un lugar destinado al pastoreo y guarda de animales, aunque un **intento de recuperación,** con una breve restauración de sus murallas por el **Rey Visigodo Leovigildo** en el Siglo VI, fue un fracaso más en su historia, pues su muerte había sido anunciada con el nacimiento de Híspalis o Sevilla.

4. SEVILLA TAIFAL

4.4.1 Sevilla Visigoda

Invasiones **bárbaras de suevos,** alanos y aún más feroces, **los vándalos,** la someten a distintos saqueos a esta Hispalis ya de olvidado pasado esplendoroso, aunque los **visigodos bárbaros romanizados,** en pleno Siglo VI, conquistan la mayor parte de Hispania, y de regalo la Bética, siendo nombrada capital regional Spalis, nuevo nombre para esta Hispalis, aunque su Capital Imperial es Toledo.

De esta época, es la Basílica paleocristiana de San Vicente, una de las primeras Iglesias cristianas construidas en la antigua Hispania Romana, pero numerosas veces reconstruida, primero por los visigodos, luego reconvertida en Mezquita, para **finalizar como Iglesia de San Vicente,** de estilo **gótico mudéjar,** que quizás no sea las más bella de Spalis, pero si una de las más interesantes.

Los **intentos de Justiniano** de volver a la grandeza del antiguo Imperio Romano, pero ahora en Constantinopla, no logran llegar hasta Spalis, que se convierte en el feudo de uno de las más poderosas familias visigodas, que aporta varios reyes a este recién creado Reino Visigodo, siendo en algún momento puntual capital Imperial.

Extraño sistema de elección de reyes tenían los visigodos, ya que no creían en la monarquía hereditaria, todos los nobles eran iguales ante la ley, y tenían derecho a suceder al rey ya fallecido, para lo cual, en cónclave reunido lo elegían, pero es teoría lo comentado, sangrientas guerras civiles, cada pocas décadas, a veces años, se sucedían para alcanzar ese título, el eterno dilema, **un buen sistema,** se transforma **en brutal por la avaricia** de esos Señores de la Guerra, Nobles o Poderosos.

4. SEVILLA TAIFAL

4.4.2 Sevilla Visigoda

Hispania unificada.

Ya estamos en una **Hispania unificada**, entrando en un nuevo siglo VIII, donde gobierna el **Rey Égica,** de la poderosa **familia visigoda de Spail o Sevilla,** dueños y señores absolutos de esas fértiles tierras que bordean el Río Guadalquivir, Obispos de su misma sangre se hacen con el control religioso de toda la Bética, tal es su poder, que antes de fallecer nombra sucesor a su mediocre hijo Witiza, y su mano derecha, a su hermano Oppas, Obispo de Ispal y comandante de su **poderoso ejército de 10.000 soldados.**

Hasta el **último noble se opone a tamaña ofensa,** designar a un **pequimetre como Rey,** contraviniendo todas las tradiciones, además de ser de limitada bondad e inteligencia, decidiendo elegir un **nuevo Rey legítimo, Rodrigo,** que con sus leales tropas, consiguen la rápida rendición de esa poderosa familia, la de los Witiza, pero en un exceso de generosidad, los perdona, permitiéndoles regresar con sus tropas a su poderoso feudo Ispal en la Bética, en el año del Señor número 710.

⇨ **El Castillo de San Jorge o de Triana,** de orígenes visigodos, pero reformado y ampliado en época musulmana, los **Almohades construyeron el Puente de Barcas** a sus pies, el primer puente estable, viejas barcas de madera entrelazadas, que perduró casi siete siglos que unía Sevilla con los arrabales o Triana, **posterior Sede de la Inquisición,** lugar en que se juzgaron a miles y fueron ejecutados cientos, luego fue propiedad del Conde Duque Olivares, y de otros tantos, hasta finalizar siendo parcialmente destruido, construyendo en su lugar el Mercado de Abastos de Triana en el Siglo XIX, y a fines del Siglo XX, demolido, con ello **recuperándose partes del viejo castillo visigodo y un cementerio almohade,** mucha historia en un trozo de terreno tan escaso que podemos visitar mientras compramos algo de fruta en este nuevo Mercado.

4. SEVILLA TAIFAL

4.5.1 Sevilla o Isbililiy musulmana

L lorada Batalla la del Río Guadalete.

Llorada Batalla la del Río Guadalete, donde las **cansadas huestes del Rey Rodrigo,** en el año 711, que con su ejército de 15.000 nobles caballeros, reforzados en sus flancos por los 10.000 mercenarios de la familia de Witiza, señores de Ispal o Sevilla, al mando del Obispo Oppas, hermano de tan infame nombre, se **enfrentan a esos bárbaros del Norte de África** que profesan una nueva Fe aún desconocida por la mayoría.

Cual mala es la ignorancia, ni podrían imaginar que **han sido llamados por los Witiza,** prometiéndoles Oro y Dádivas, jamás tamaña maldad pudiera ser imaginar, y menos aún que en plena batalla, cuando esos **invasores llamados musulmanes están a punto de ser derrotados,** por la **espalda y sin piedad atacan estos Witizas** a los ya cansados **soldados del buen Rey Rodrigo,** cometiendo una espantosa carnicería, que no perdonó a jóvenes ni viejos, heridos o enfermos, **tanta sangre es la derramada,** que el **Río Guadalete se tiñó de Rojo,** muriendo este valiente Rey al lado de sus bravos soldados, llorando tamaña traición.

Así finaliza el Reino de los Visigodos, y comienza **siete siglos de dominación musulmana,** que con sus contrastes, realizó unas **aportaciones tan extraordinarias,** que hacen de España el lugar con **más legado cultural del mundo entero.**

4. SEVILLA TAIFAL

4.5.2 Sevilla o Isbililiy musulmana

C apital provisional del nuevo Reino Musulmán.

Tres o cuatro años, hasta el 716, **esta nueva Isbiliya,** nombre que daban los nuevos conquistadores a Sevilla, es **capital provisional del nuevo** Reino Musulmán, durante el mandato del emir Abd al-Aziz, aunque sus obras arquitectónicas debieron ser insignificantes, **algún oratorio musulmán,** quizás próxima al antiguo Alcázar o Castillo Visigodo, y la adaptación de este nuevo campamento de la guarnición militar dejada por los musulmanes en la ciudad para su control, con nuevas dependencias acordes a sus necesidades, como caballerizas, dormitorios, etc, pero de lo cual no nos queda constancia en piedra o ladrillo.

Debate dual en esta Isbiliya o Sevilla, conquistada de manera pacífica por el nuevo invasor con la ayuda de los traidores de Witiza y de la Comunidad Hebrea en el año 711, aunque ya es más minoritaria esta idea, ya sea por los hechos históricos, o por olvidar un pasado de traiciones y destrucción de la cual fueron partícipes.

La nueva moda histórica, es que **resitió meses a la conquista,** cayendo en el año 712, después de la huida de las escasas tropas visigodas con el apoyo exclusivo de los "malvados" hebreos.

⇨ **Años convulsos** debieron ser los siguientes, cuando ya los cristianos asumieron que habían llegado los nuevos conquistadores para quedarse, y debían rendir pleitesía a un lejano Califa asentado en Damasco, **sublevaciones de antiguos servidores de los Witizas,** mal coordinadas por su eterno enfrentamiento con los leales al fallecido Rodrigo, fueron fácilmente sofocadas en esta Sevilla o Isbiliya, trasladándose por ello, la capital a Córdoba, ya pacificada a sangre y fuego años atrás.

Convertida en una Cora o pequeña provincia de este nuevo Emirato baja dependencia de Damasco, **su importancia política es nula,** pero el comercio se amplía, y se nota cierta prosperidad en manos de los nuevos señores cristianos reconvertidos en musulmanes, una comunidad hebrea en expansión…

4. SEVILLA TAIFAL

4.5.2 Sevilla o Isbililiy musulmana

Período de adaptación o transición que continúa durante medio siglo, la conversión por motivos económicos es lenta pero importante, las antiguas élites visigodas cambian de nombre y fe, que el pueblo más reacio imita lentamente, que todo hace cambiar cuando de la nada **surge un jóven príncipe de sangre del profeta,** un **omeya exiliado llamado Abderramán,** entrando por las puertas de Sevilla o Isbiliya, en el año 756.

4. SEVILLA TAIFAL

4.6.1 Sevilla o Isbililiy o Emirato de Al Ándalus

E mirato de Al Ándalus.

Muchos son los peligros a los que se enfrentan los nuevos Emires Independientes Omeyas y el Reino Cristiano de Bobastro, el mayor de ellos, en pleno corazón de Al Ándalus, llegó a estar situado en sus momentos de máxima expansión, a escasos kilómetros de Sevilla y Córdoba, escasamente conocido por el público en general y ocultado por historiadores interesados, mientras los reinos cristianos del norte, preferían las luchas intestinas a cualquier otro planteamiento.

⇨ Este **viejo Alcázar visigodo,** remodelado como campamento militar y casa residencial del gobernador o caíd, sufre las primeras reformas o derribos parciales, con el fin de asentar ya un **Palacio digno de un Emir,** y una **Alcazaba militar** para la defensa de la ciudad Isbiliya, o más bien, para controlar a esa amplia población que aún conserva su religión cristiana o mozárabes.

El primero que inició estas reformas arquitectónicas en Isbiliya, con un objetivo político militar, fue Abderramán I, que con los siglos sería llamado Reales Alcázares de Sevilla.

Sus sucesores, ya en el siglo IX, realizan dos grandes obras que marcaron la ciudad, hasta la llegada de nuevas olas de fanatismo religioso, pero en ese breve lapso de tiempo, Córdoba y Al Ándalus fueron el centro cultural del mundo.

⇨ **La Alcaicería de la Loza o Mercado de la Seda,** construido en un temprano Siglo IX, imitando un estilo bizantino, con callejuelas, tiendas protegidas del sol ardiente del verano, talleres con artesanos procedentes de medio docena de reinos, rodeadas de murallas, con grandes verjas de hierro, que cerraban sus puertas al anochecer, así era, algo de su pasado encontraremos en la Calle Alcaicería de la Loza.

La Mezquita Mayor o Aljama, es siempre el corazón de la ciudad, y alrededor de ella, madrazas, baños árabes, bibliotecas y un sinfín de servicios adicionales, y que mejor lugar que junto a la Alcaicería.

6. SEVILLA TAIFAL

4.6.1 Sevilla o Isbililiy o Emirato de Al Ándalus

La **Mezquita Ibn Adabbas o primera Mezquita Aljama de Isbiliya**, fundada en el año 829, y durante tres siglos y medio retuvo dicho título, estando situada en las cercanías de la Alcaicería de la Loza, en lo que hoy en día es la **Iglesia Colegial del Divino Salvador**, construida sobre una Basílica cristiana hospanovisigoda, que como era habitual, fue demolida por los nuevos amos o fe predominante.

En dicha Mezquita, se encontró las **inscripciones fundacionales** más antigua encontradas en Al Ándalus, **en homenaje de Abderramán II**, y algunos restos aún podemos ver, los primeros diez metros del campanario, pertenecen al alminar o minarete musulmán, las columnas de mármol hispano visigodas, que encontramos en el Patio de las Abluciones o Naranjos, son las que ya disponía la Mezquita Ibn Adabbas, que se construye con materiales en parte saqueados de construcciones previas, de su estructura sabemos que estaba distribuida en ocho naves, separadas por columna de mármol, que sustentaban arcos de herradura.

En ese mismo Siglo IX, **las hordas de bárbaros vikingos**, con afán de pillaje, atacan todas las ciudades principales que bordean la parte navegable del Río Guadalquivir, sufriendo en particular Isbiliya y sus lugares de culto, pero después de décadas de combates navales, son vencidos, su primera gran derrota, en sus dos siglos de pillaje por toda Europa, siendo el principio del fin del mito de su invencibilidad.

6. SEVILLA TAIFAL

4.7. 1 Isbililiy o Califato de Al Ándalus y las Taifas

A bderramán III.

Abderramán III, ya **primer Califa de Al Ándalus,** no soporta la eterna dualidad de Isbiliya, o quizás, más bien, NO desea que los caíd o gobernadores tengan un poder excesivo, y aunque su población son solo unos docenas de miles de personas, casi nada comparado con los centenares de miles que llegara a poseer esa Corduba Imperial, adopta **una serie de medidas, que la empeque-ñecen.**

⇨ **Amplía el Alcázar, dotándolo ya de una verdadera Alcazaba,** y de unos preciosos Patios o Jardines de la Alcubilla, que siglos después seria llamado Reales Alcázares de Sevilla, **destruye las murallas de la ciudad** milenarias, de origen romano, que habían sobrevivido a la época visigoda y a los dos primeros siglos del poder musulmán en la antigua Hispania romana.

⇨ Numerosas debieron ser las mezquitas construidas en este período histórico, pero pocos datos quedan, solo algunos restos de la llamada **Mezquita de los Osos,** donde podemos observar algunos arcos de herradura poliobulados, situada sobre un templo romano previo, convertido en Hospital de Santa Marta.

De dicho Hospital, destinado a socorrer a pobres y enfermos, construido en el año 1385, solo podemos ver la pequeña pero hermosa Plaza de Santa Marta, con una cruz de estilo renacentista, obra de los Hernán Ruiz, y unos portales, antiguas entradas al Convento de la Encarnación de estilo renacentista, gótico y neoclásico, una visita obligada para conocer esa Sevilla cristiana.

Al Ándalus Califal se muere, y su mayor **homicida es ese Almanzor** genocida, breves y tristes guerras civiles a posteriori, dan origen a múltiples Taifas o Reinos, gobernados por generales sin piedad, que solo piensan en enriquecerse y defender sus conquistas…

⇨ **Las Murallas de Isbiliya,** mandadas construir en el año 68 a.c **por Julio César** y ampliadas con inmensos torreones fortificados por su sucesor, el gran

4. SEVILLA TAIFAL

4.7. 1 Isbililiy o Califato de Al Ándalus y las Taifas

Augusto, se conservan en buen estado hasta principios del Siglo X, cuando Abderramán III las desmantela, utilizando sus restos para las nuevas y amplias murallas del Alcázar, que una podemos observar.

4. SEVILLA TAIFAL

4.7. 2 Isbililiy o Califato de Al Ándalus y las Taifas

Abú al-Qasim, gobernador de Isbiliya, logra movilizar un ejército de conciudadanos, que logran derrotar a esas inmensas hordas de mercenarios bereberes que sirvieron a Almanzor, que al carecer de un Señor de la Guerra que les pague en Oro y plata, saquean por décadas esta Al Ándalus.

Su primera medida, que acapara los escasos recursos económicos, es la construcción de **unas enormes murallas defensivas,** labor que le ocupa más de una década, que medía **más de siete kilómetros,** y con casi doscientos torreones fortificados y una docena larga de puertas de acceso, que le permiten sobrevivir en una relativa tranquilidad a esta ya pobre Isbiliya.

Con el paso de las décadas, nuevos reyezuelos más indignos aún, llaman en su ayuda a **ejércitos de nuevos fanáticos islamistas,** en esos eternos ciclos del Islam, un mar de tranquilidad y tolerancia, con el resurgir de enormes olas de integrismo, esta vez llamados Almorávides y Almohades, y que en pleno Siglo XXI, se llaman DAES.

4. SEVILLA TAIFAL

4.8.1 Isbililiy o el Imperio Almorávide

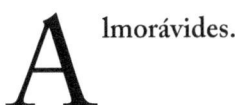

A lmorávides.

Relatar la conquista de Al Ándalus por los Almorávides, es repetir lo mismo una y otra vez, solo es cambiar nombre y fechas, y apenas nada se diferencia de la primera conquista de los musulmanes del Reino Visigodo en el año 711, es decir, traiciones entre todos, guerras por el poder y las riquezas…

4. SEVILLA TAIFAL

4.8.2 Isbililiy o el Imperio Almorávide

Almorávides o un Islam radicalizado, procedentes de mas allá de Marruecos, de las zonas desérticas que los bordean, ese inmenso Sahara, que hace nacer sobre él a cientos de "profetas" sedientos de sangre, que fácilmente conquistan el Norte del Magreb y Al Ándalus, pero como siempre, esta hermosa tierra regada por el Río Guadalquivir, hacen que los extremismos se diluyan…

Isbiliya, es elegida **capital de este Al Ándalus Almorávide,** por sus inmensas murallas mandadas a construir por Abú al-Qasim, verdaderas fortalezas prácticamente inexpugnables, que son ampliadas en este período.

⇨ **Los mocárabes,** es la gran aportación a la arquitectura de estos almorávides, que se inspiran para su belleza, en esta Al Ándalus que tanto llegan a amar, una bella decoración de yeserías y/o madera, que parecen estalactitas colgantes, **formado por prismas convocas y conversas yuxtapuesta**s, que todos imitarán desde los almohades a los nazaríes…

Vida ya disoluta, de esas nuevas élites, tras los muros de ese Alcázar embellecido, **mientras exprime al pueblo,** con tropas mercenarias que debe pagar con buena plata y pocas propensas a sacrificar sus vidas en defensa de terceros, así son los **últimos años del Imperio Almorávide,** que un nuevo islam radicalizado, de manos de bereberes del Atlas norteafricano, los Almohades, que a sus ojos todo es impío, y solo merecen la más vil de las muertes, saquean primero sus feudos del Magreb y sus capitales, Marrakech y Rabat, y a posteriori, cruzan esos apenas quinces kilómetros que nos separan, arrasando a sangre y fuego a estos andalusíes…

Destruyen todo lo que recuerde a los Almorávides, tanto, que apenas nos queda nada de esas hermosas creaciones, y hasta las murallas, ampliadas por los Almorávides, son reconstruídas por ellos, para olvidar su legado.

⇨ Aunque las murallas fueron reconstruídas, las **13 puertas de entrada a Isbiliya,** embellecidas por los **almorávides,** se **conservan en parte,** de las cuales podemos destacar a algunas, **La Puerta de la Macarena o Bab–al-Makrin,** situado frente a la Basílica de la Macarena, es una de las originales que permitían el acceso a la ciudad musulmana, aunque ha sido remodelada en diversas oca

4. SEVILLA TAIFAL

4.8.2 Isbililiy o el Imperio Almorávide

siones, el último en estilo neoclásico, y su historia es ya milenaria.

La Puerta de Córdoba o Mexuar, aunque conocida con múltiples nombres, de la Judería, de la Carne o de las Perlas, era el único acceso a la Judería Sevillana, que siempre contó con una amplia población hebrea, a pesar de los problemas regulares a los cuales se encontraban sometidos, es una de las mejores conservadas, y la podemos admirar en la Iglesia de San Hermenegildo, a la cual está anexa.

La pequeña **Puerta o Postigo del Aceite,** sita en la calle Almirantazgo, muy reformada en su interior y podemos observar algunos detalles, como la representación de San Fernando en piedra labrada.

De las otras Puertas, como la del Arenal, o la Victoria, la Puerta Real o la Puerta del Sol, es solo historia escrita…

4. SEVILLA TAIFAL

4.9.1 Isbililiy o el Imperio Almohades

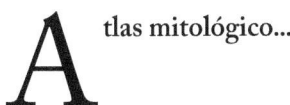

Atlas mitológico...

Ese Atlas mitológico, **súper poblada y pobre,** cantera **eterna de feroces guerreros,** servidores de infinitos imperios durante milenios, como bravas tropas a cambio de una buena soldada, pagada en oro y plata, ahí **nació Abu Abd Allah Muhammad Ibn Tumart,** profeta de un nuevo Islam más radical, que entre esos bereberes indómitos encontró sus mejores fieles…

Aplicado estudiante en una Córdoba alejada de sus tierras y tradiciones bereberes, a la cual consideró corrupta y necesitada de una limpieza basada en la sangre, su largo peregrinaje le llevó inclusive hasta Persia, **aprendiendo de grandes maestros lo que quiso aprender, ignorando lo más importante,** que es *el Islam de paz y justicia predicado por el Profeta Mahom*a, no era su visión de un nuevo resurgir de un Califato radicalizado e intolerante en pleno Siglo XII.

4. SEVILLA TAIFAL

4.9.2 Isbililiy o el Imperio Almohades

El general de sus tropas, Abd al-Mumin, de rica familia militar, le sucede y **se nombra primer Califa almohade,** arrasando en su conquista todo pasado almorávide, prueba viva de ello, es Marrakech, capital imperial, y sus dos capitales provinciales, Rabat o Ciudad Fortaleza desde la cual partían sus **inmensas flotas navales** con el objetivo de conquistar a todo ese Occidente impío, y Sevilla, desde la cual reinaron Al Ándalus, con el objetivo de su invencible Ejército volvieran a atravesar los Pirineos con destino a París y Roma.

Infinito y fanatizado era este Ejército Almohade, formado por **centenares de miles de soldados,** desde voluntarios andalusíes, a soldados bereberes del Atlas, a mercedarios kurdos o Guzz, la mejor caballería de este fin de siglo, a 10.000 Guardias negros, antiguos esclavos del Senegal islamizados, y para mayor deshonra occidental, miles de cristianos renegados.

Apenas son treinta mil los soldados cristianos, procedentes de una docena de reinos, inclusive **Templarios reconvertidos en Caballeros de Calatrava** participan, los únicos que tratan de impedir su paso hasta el corazón de Europa, sin ninguna esperanza pero con toda la fe, de hacer algo justo, sacrificar sus vidas para salvar a los demás.

Fue un 16 de Julio de 1212, en los límites del conocido desfiladero de Despeñaperros, en donde sucede algo que **marcará la Historia Europea** para los próximos mil años, la **Batalla dc las Navas dc Tolosa,** dondc por algún misterio desconocido, los cristianos, **con 300 Caballeros de Calatrava a la cabeza,** en una carga de caballería, destrozan las filas de centenares de miles de fanáticos yihadistas.

Todos recuerdan **como los 300 espartanos en Maratón,** detuvieron unos días a ese inmenso Ejército Persa, pero perdieron sus vidas y la Batalla! pero casi nadie recuerda, que **300 españoles se enfrentaron a ese inmenso Ejército Almohade,** y los VENCIERON!!! cuan injusta es la historia, y **más grande aún es la ignorancia de nuestro pasado.**

Incluso, en los regímenes más bárbaros, el arte perdura aunque su objetivo sea crear más intolerancia, empeño en el cual siempre fracasan…

4. SEVILLA TAIFAL

4.9.3 Isbililiy o el Imperio Almohades

La **Mezquita Mayor o Aljama de Isbiliya,** empezada a construirse en el año 1172 y finalizada una década después, de manos del **Califa Almohade Yúsuf I,** con una estructura clásica, y una decoración sobria y poco llamativa, pero con algo excepcional, **su minarete o alminar,** que un milenio después, aún impresiona, tres fueron los ordenados construir, el hermano de Sevilla, el nunca finalizado de Rabat, y el más grande de los tres, el de la **Kautabia de Marrakech,** con más de setenta metros de altura.

El **Sahn o Patio de los Naranjos,** aún conserva parte de esta Mezquita Mayor, fue construido entre 1188 al 1896, rectangular y de un tamaño mayor de 3.000 metros cuadrados, utilizando ladrillos para ello, material más económico y austero, con dos naves laterales, apoyadas por arcos de herradura, que aún podemos ver en la llamada **Puerta del Perdón,** que además las hojas de las puertas conserva bronce chapado y yeserías de dicho período, y en la llamada Puerta del Lagarto un techo con mocárabes, sin olvidar una docena de aljibes de agua, necesario para la ablución o limpieza antes del rezo.

Por si aún no reconocemos el lugar, **estamos situados en la Catedral de Santa María de la Sede o Catedral de Sevilla,** y volviendo a esos alminares o minaretes tan representativos del arte almohade, el de la Mezquita Mayor ya llamado Giralda, es digno de describir.

Su base, construida en piedra, aún se conserva, aunque la parte final era en ladrillo, pues necesitó una década para su finalización, con cuatro bolas de bronce, quizás bañadas en Oro en su parte superior, con ello debió medir unos 80 metros **y en vez que escalera, una serie de rampas,** para que el **Califa guerrero** almohade, **pudiera subir a caballo,** para mostrar su grandeza político militar, todo ello ha sufrido importantes modificaciones, en el período ya cristiano.

4. SEVILLA TAIFAL

4.9.4 Isbililiy o el Imperio Almohades

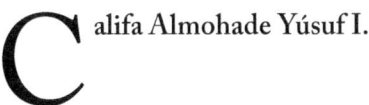

Califa Almohade Yúsuf I.

Restauró las murallas, reformó las Puertas de entrada a la ciudad, creó nuevas alcazabas, todo ello como medidas militares que aún podemos observar en algunos **restos de las murallas del Real Alcázar de Sevilla**, al cual se merece un capítulo entero, como una de las siete maravillas del Al Ándalus, y otra parte que se conservan de estas murallas, las encontraremos en el Barrio de la Macarena, junto a la Torre Blanca, pintada en blanco y construida en ladrillo y argamasa.

Otras de origen almohades, es la **Torre de la Plata o Azacanes**, la **Torre Abd el Aziz o Torre del Homenaje,** lugar donde colocaron por primera vez la bandera de Castilla, cuando fue conquistada por Fernando III el Santo, en el año 1248.

Más conocida es la Torre del Oro, que con sus treinta y seis metros de altura, es la mejor conservada, y su cercanía al Río Guadalquivir y sus doce lados, algo poco habitual, la hacen hermosa de admirar.

Una veintena deberían ser las Puertas que disponía la Isbiliya almohade, aunque existen aún media docena, ninguna muestra restos de este Imperio, aunque son dignas de visitar, como La Puerta de la Macarena, por donde el emperador Carlos V entraba en sus visitas ya a esa Sevilla cristiana, o la Puerta de Carmona, donde finalizaban el Acueducto o Caños de Carmona, o la Puerta Real.

4. SEVILLA TAIFAL

4.9.5 Isbililiy o el Imperio Almohades

E
l Puente de Barcas, el primer puente de Sevilla.

Obras de infraestructuras básicas, como una nueva **Alcaecería Mayor o de la Seda,** cientos de artesanos dedicados al comercio de la Seda y otros artículos de lujo, fue construido junto a la **nueva Mezquita Mayor o Aljama,** un nuevo Acueducto sobre los anteriores romanos que traían miles de litros de agua de las cercanas montañas a un gran aljibe, que regaban multitud de fuentes públicas, albercas, baños árabes y el **Real Alcázar de Sevilla,** una gran obra maestra, digna de romanos pero realizadas por andalusíes, que la escasa visión de futuro, hicieron que fueran demolidos en el año 1992.

El Puente de Barcas, el primer puente de Sevilla y que **perduró siete siglos,** que atravesaba el Río Guadalquivir, uniéndolo con Triana, la fértil vega que suministraba los vitales alimentos a la ciudad y facultó un próspero comercio. También tuvo una función militar que volvía a esta Isbiliya en casi inexpugnable, una idea simple y eficaz a la vez, cientos de barcas unidas por gruesas cadenas, sobre las cuales se asentaban miles de tablones de madera.

4. SEVILLA TAIFAL

4.9.6 Isbililiy o el Imperio Almohades

Reales Alcázares de Sevilla, cuyos orígenes como mínimo se remontan al Siglo VIII y el Patio de la Alcubilla, se supone de dicha época, pero lo más destacable es el Patio de las Yeserías, construido con material saqueado de Medina Azahara, es de estructura rectángular, con tres arcos de herradura en el lateral izquierdo y el lateral derecho, varios arcos ornamentales bellísimos labrados en yeso, es considerada la obra maestra de la arquitectura civil almohade.

El Palacio Jardín de la Buhaira, copia a menor escala de Medina Azahara, con un gran pabellón o palacio central, con múltiples fuentes y albercas, un amplio jardín andalusí, envuelto de inmensas huertas, fueron ya hace tiempo sustituídos por construcciones cristianas, pero revisarlo quizás nos de una idea de su grandeza pasada, aunque si nuestro propósito es mayor, visitar Marrakech, la capital imperial de los Almohades o quizás la Ciudad Imperial de Meknes, construida en el Siglo XVIII en un estilo andalusí inconfundible, es otra alternativa.

Un debilitado Imperio Almohades, que ya más bien es un reino, incapaz de defender sus fronteras, hacen de Al-Ándalus un nuevo reino de taifas, pero aún así, las enormes murallas y torreones de esta Isbiliya fortificada, la casi invencible, pero un rey generoso, **Fernando III**, que **jamás mandó matar a inocentes**, permitiendo a los vencidos que se marcharan en paz después de la conquista de Corduba musulmana ya llamada Córdoba, y así **se decide a asediar a la antigua capital de este imperio** extinto, Isbiliya o Sevilla.

4. SEVILLA TAIFAL

4.9.6 Isbililiy o el Imperio Almohades

Fernando III, el Santo, que **jamás mandó matar a inocentes.„**

Ordena construir en el **Mar Cantábrico una pequeña flota** de una docena de galeras, con la cual derrotan a la poderosa flota benimerines que ya salían de Tánger con destino al Al Ándalus. Estos barcos escasos, pero veteranos, **navegan río arriba hasta las afueras de la ciudad,** donde encuentran ese **Puente de Barcos reforzados por miles de cadenas del mejor acero** que suministra la savia, que nutre la resistencia musulmana con armas, alimentos y agua, haciendo aún más inexpugnable la ciudad Isbiliya.

Miles de hombros levantan a pulso estos viejos barcos en un largo caminar de kilómetros ardientes, hasta dejarlos en la parte superior del Río Guadalquivir, más allá de la ciudad, donde el agua es brava y veloz, **en una de esas noches donde el viento y las lluvias hacen imposible hasta el caminar,** hasta que un crujido que hace retumbar las murallas, y escaso minutos después, otro más, hacen saltar en mil pedazos ese puente maldito.

El ya casi anciano Ramón de Bonifáz, marinero de agua dulce según sus enemigos, **almirante** por nombramiento de su amigo Fernando III, de una **flota insignificante, vencedor de la poderosa armada Benimerines,** al mando de **su nave capitana ayudado** por un grupo dc voluntarios, había lanzado su **maltratado barco** en esa noche revuelta **contra ese Puente de Barcas,** un **cascarón de madera contra una línea de acero,** madera y tierra, casi rompiendo esas cadenas que impiden que sus tropas entren en Sevilla.

Un segundo barco, al mando de un jóven capitán en edad, pero no en experiencia, **imita a ese viejo almirante de agua dulce,** haciendo **saltar las cadenas en mil pedazos,** mientras miles de soldados musulmanes no creen lo que ven sus ojos, ahora les toca decidir a ellos…

Morir luchando como fanáticos, es de triste recuerdo años atrás de mano de los almohades, o a**cordar la paz con el rey castellano,** que la **fama de hombre justo le precede,** es lo más conveniente para los vencidos… la ciudad de Isbiliya, ya pierde su nombre definitivamente, **ya será conocida como Sevilla…**

4. SEVILLA TAIFAL

4.10.1 Sevilla Cristiana Medieval

Fernando III, el Santo, que **jamás mandó matar a inocentes.„**

En un aciago año de 1252, falleció Fernando III en el Alcázar Sevillano, siendo **enterrado en la antigua Mezquita Mayor o Aljama**, renombrada como Catedral de Sevilla, siendo su **hijo Alfonso X "El Sabio"**, su heredero, quién en simultáneo con su Toledo natal, con esta renacida ciudad donde importantes comunidades musulmanas y judías aún perduraban, seguía enriqueciendo la vida cultural y económica de esta tierra.

Erudito que bien acredita su apodo, el Sabio, **nunca cumplió los acuerdos o capitulaciones acordadas con los musulmanes,** lo que generó **revueltas y violencias** por ambas partes, hasta que la expulsión de los mudéjares o musulmanes que habitaban a orillas del Río Guadalquivir, volvió a traer la paz.

La Peste, la Guerra Civil por el poder entre diferentes ramas nobiliarias, son los síntomas del Siglo XIV y XV, algo que no deja de suceder hasta la llegada al trono de los Reyes Católicos y el Descubrimiento de las Américas.

Los Judíos son masacrados en la carnicería cometida en el año 1391 por los cristianos en multitud de ciudades, y la realizada en Sevilla, destaca por su tamaña crueldad, **dignas de los peores gobernantes musulmanes,** aunque realizada por **esa nobleza interesada y un pueblo ignorante.**

Para ser justos, la comunidad hebrea, no eran santos, su negocio, **la usura,** dejaba en una miseria aún mayor a un pueblo pobre y explotado, generando tanto odio, que en ocasiones explotaba en un mar de sangre, pero sus protectores, **la nobleza,** gran endeudada con ellos, para mantener a sus ejércitos privados y sus lujos exóticos, **conseguían popularidad apoyando tamaña barbarie,** y de paso, ya no tenían más deudas, pues sus acreedores judíos habían dejado de existir.

Soluciones más simples y eficaces no eran contempladas, como regular la usura a niveles más tolerables, altos impuestos a estos banqueros, para destinarlo al bienestar social, pues el egoísmo humano siempre será infinito.

4. SEVILLA TAIFAL

4.10.1 Sevilla Cristiana Medieval

El Alcázar Sevillano, ya llamado **Reales Alcázares de Sevilla,** va incorporando nuevas edificaciones, como el **Palacio Gótico de Alfonso X** o de Pedro I el Cruel o el Justo, según otros, el **Palacio Mudéjar,** la máxima representación del arte mudéjar universal.

4. SEVILLA TAIFAL

4.10.2 Sevilla Cristiana Medieval

En mar revuelto, ganancia de pescadores, los lujos exigidos por esta nobleza ibérica y francesa, debe ser adquirida en la cercana Granada nazarí, siendo Sevilla su gran puerto que monopoliza el acceso a dichas riquezas, que hacen surgir nuevos barrios…

El Barrio de los Catalanes, poblado por **comerciantes y usureros,** ya **llamados banqueros,** provenientes del Condado de Barcelona, en sustitución de los Judíos ya minoritarios, aun mantenemos el recuerdo de ello, ya con un nuevo nombre, Calle Carlos Cañal, y después de casi siete siglos, aun sigue abierta la vieja panadería Horno de San Buenaventura, la más antigua de España.

Otro Barrio emblemático, el de Santa Cruz o **Antigua Judería de Sevilla,** que en siglo XV ya solo permanecieron cristianos nuevos (judíos y musulmanes convertidos al cristianismo), y la Iglesia de Santa María la Blanca, de la misma época, se asienta sobre una Mezquita, luego reconvertida en Sinagoga, y al final en un edificio emblemático, que en su interior podemos ver uno de los mejores Barrocos sevillanos, pero con yeserías que imitan el estilo mudéjar a la perfección.

El Hospital de San Antón, uno de los más antiguos, también del Siglo XIV, solo conserva la Iglesia asociada o Real Iglesia de San Antonio Abad, edificada unos siglos después, o el **Monasterio de San Pablo,** del cual también se conserva **Iglesia de Santa María Magdalena,** otro **clásico ejemplo del barroco sevillano,** y el Convento de la Encarnación, que se asienta sobre el desparecido Hospital de Santa Marta, son algunos de los múltiples ejemplos, ya transformados pero que conservan parte de su belleza.

Varios son los Palacios señoriales, que sus bases constructivas son del Siglo XV, encontrando elementos mudéjares y góticos, y finalizados en los Siglos XVI al XVIII, con detalles Renacentistas y Barrocos, entre los cuales, el **Palacio de las Dueñas de los Duques de Alba,** el Palacio de los Condes de Lebrija, el Palacio de Pilatos o el **Palacio del Rey Moro.**

La Iglesia Colegial del Divino Salvador, o Iglesia del Salvador, es al mayor de Sevilla, solo superada por la omnipresente Catedral, fue construida **sobre la primera Mezquita Mayor de Isbiliya** o Mezquita de Ibn Adabbas, que pasa

4.10.2 Sevilla Cristiana Medieval

a manos cristianas en el año 1340, pero dejada al olvido, ya en el Siglo XVII está en ruinas, siendo reconstruida de manos del arquitecto barroco Leonardo de Figueroa, ocultando su pasado musulmán.

Posee **una hermosa fachada estilo marianista** (final del renacimiento), en su interior organizado en tres naves, podemos admirar las pinturas murales de la bóveda de la Capilla Mayor, y un sinfín de detalles, que la clasifican de lo mejor del barroco sevillano.

Escasos restos de esta antigua mezquita Mayor son los conservados del **Patio de los Naranjos o de las Abluciones,** y la primera parte del Campanario, antiguo alminar o minarete, con dos cuerpos o plantas superiores, una de estilo gótico y el final, de estilo Barroco.

Es el final de ese pasado andalusí sevillano, pero un recorrido por ese esplendor Renacentista y Barroco, es algo que no debemos dejar de hacer.

4. SEVILLA TAIFAL

4.11.1 Sevilla Cristiana: Renacentista y Barroca

Un 12 de Octubre de 1492, Cristóbal Colón llega a las Américas, nuevas tierras son conquistadas, algunas por alianzas, otras por guerras, pero lo que realmente les interesa a esta Sevilla Dual, es continuar con su monopolio, que la caída de la Granada Nazarí, puede provocar el fin de privilegios medievales, pero de manos de este Genovés, su monopolio y enriquecimiento será aún mayor….

El Quinto del Rey, o un 20% de las riquezas en oro y plata debían ser enviadas al unificado Reino de las Españas, siendo el otro **80% dejado en manos de las élites americanas para el bienestar de su población,** pero ávidos conquistadores que mezclaron su sangre con la nobleza indígena, crean una nueva generación de dirigentes, los criollos, que se apropian de todo, que aún perduran en el poder…

Ese Quinto del Rey, es mucho Oro, tanto que **nobles sevillanos, usureros catalanes, comerciantes flamencos e italianos,** presionan hasta con la muerte de los rivales, para conseguir el privilegio eterno de controlar todas estas riquezas que monopolizan durante varios siglos en esta Sevilla.

Apenas la mitad de lo enviado desde las Américas, y eso siendo generoso, llega a su destino, las Arcas Imperiales de los Austria, que malgastan tamaña fortuna en absurdas guerras en el lejano Flandes, pero la **mayor parte es perdida** en el "camino", que por milagros divinos **acaba en los arcones privados de esa nobleza política sevillana,** en esa **legión de administradores o funcionarios** que fielmente les sirven y en manos extranjeras, que vuelven esas monedas sucias, en oro blanco.

Quinientos años después, sucede lo mismo, **el oro de la Unión Europea** lleva a **esta capital monopolizadora de Andalucía,** que se **diluye en corrupciones y burocracias,** sin llegar a manos del pueblo necesitado para su bienestar o desarrollo, y allende de los Pirineos se indignan por ello sin comprender lo sucedido, es el eterno problema de no ser obligatorio el aprendizaje de la Historia…

Un maremágnum de mercaderes, buscavidas y usureros se reúnen en las proximidades de la imponente Catedral para realizar sus pocos escrupulosos

4. SEVILLA TAIFAL

4.11.1 Sevilla Cristiana: Renacentista y Barroca

negocios, que en esos días de lluvia, llevan sus actividades al interior de este creciente edificio, lo que provoca **la cólera de Obispos y Teólogos**, que claman al cielo y al Rey por tamaña indignidad, que **una nobleza ávida por riquezas**, apoyan en sus reclamaciones, hasta que por fin, Felipe II, manda construir…

4. SEVILLA TAIFAL

4.11.2 Sevilla Cristiana: Renacentista y Barroca

El **Consulado o Lonja de Comerciantes de Sevilla,** bello edificio renacentista construido en el Siglo XVI, con planos de Juan de Herrera, de planta rectangular, con un gran patio bordeado con columnas de estilos dórico y jónico, con un gran parecido al Monasterio de el Escorial por sus cubiertas abovedadas decoradas con casetones y relieves geométricos.

Varias han sido las reformas por este edificio, situado a escasos metros de la Catedral, que con el paso del tiempo, para una mayor burocratización de los ingresos procedentes de las Américas, cambia de nombre y funciones, denominándose Archivo General de Indias.

⇨ **La Real Casa de la Moneda de Sevilla,** reconstruida en este Siglo XVI para almacenar el oro y plata procedente de las Américas, presenta más bien una planta triangular, y con una gran portada del Siglo XVIII de Sebastián Van der Borcht, es otra obra renacentista y barroca representativa d**e la Burocracia sevillana estatal.**

⇨ **La Universidad de Sevilla,** constituída en el año 1506, ocupa actualmente la **Real Fábrica de Tabacos de Sevilla,** edificio Barroco del XVIII, con planta rectangular típica del renacimiento, de una superficie de treinta mil metros cuadrados, solo superado en medidas por el Monasterio de El Escorial, algunas de sus fachadas nos recuerdan a un renacimiento tardío, pero la fachada principal ya es puro Barroco, con su portada con doble columnas a cada lado, balcón balaustrado, su interior dividido en grandes naves, tanto para funciones administrativas, residenciales y de producción.

4. SEVILLA TAIFAL

4.11.3 Sevilla Cristiana: Renacentista y Barroca

Edificios con funciones religiosas de esta primera época, aún perduran, siendo dos los más llamativos.

⇨ **La Iglesia Colegial del Divino Salvador,** solo superada en tamaño por la Catedral, se asienta sobre templos previos romanos y visigodos, que podemos encontrar en su patio, a posterior, estuvo ahí situada la primera Mezquita Mayor o Aljama de Sevilla o de Ibn Adabbas, **conservando parte del minarete o alminar musulmán,** y del patio de oraciones o de los naranjos, pero el edificio en sí, fue reconstruido a fines del XVII y principios del XVIII, con una **fachada del Renacimiento tardío o Marianista,** el interior cuenta con tres naves de planta rectangular, con un barroco primerizo, con bóvedas de cañón en sus techos, columnas, pilastras corintias, etc.

Hasta catorce retablos encontraremos en su interior de diversos estilos, siendo el mayor y más Barroco de todos, el denominado Retablo Mayor o Capilla Mayor, con una bóveda vaida con pinturas murales al temple, decorándola en toda su extensión, dos pulpitos de mármol situado en sus pilares, y un enorme Retablo, obra de Cayetano da Costa.

⇨ **El Hospital de las Cinco Llagas de Nuestro Redentor,** ya situado en el Barrio de la Macarena, en cuya construcción participó Hernán Ruíz hijo, de planta retangular, con diez patios interiores, y el mayor de ellos, el Patio Mayor o Central, con la típica iglesia asociada, se puede definir más bien de Renacentista, también destacan por ese Renacentismo clásico, la Portada o Puerta principal de estilo marianista, los amplios Jardines, y sus fachadas, inspiradas en el **Hospital Mayor de Milán,** actualmente es la Sede del Parlamento de Andalucía.

4. SEVILLA TAIFAL

4.11.4 Sevilla Cristiana: Renacentista y Barroca

Nobleza próspera mezclada en sangre con la gran burguesía enriquecida con el saqueo del oro y plata procedentes de las Américas, dejan algunos magníficos palacios...

⇨ **El Palacio de las Dueñas,** antaño perteneciente a la poderosa familia de los Pinedas, ahora a la de los Alba, lugar de nacimiento del poeta Antonio Machado, es un edifico Renacentista, con alma mudéjar, con un patio central típico andaluz, bordados por arcos de mármol de estilo mudéjar, una capilla de estilo plateresco, variante del renacimiento exclusivo de España, y en los techos de la planta alta del palacio, techos de alfarje, o madera entrecruzada, típicas del estilo andalusí.

Su amplia colección de arte, de más de mil piezas, es otro motivo para dedicar un tiempo a su visita.

⇨ **El Palacio de Pilatos,** construida inspirándose en la lejana Jerusalén por la noble Casa de Alcalá, en su exterior podemos ver su pórtico de mármol renacentista, y rematado por una crestería gótica, la cual atravesaremos para llegar al Patio Central o Patio Andaluz, ajardinado, con venticuatro estatuas de mármol de diversos reyes y emperadores, romanos, visigodos e hispanos.

Techos de madera o alfarjes, con mocárabes, azulejos andalusíes, son parte de la decoración de la planta superior palaciega, y con la imprescindible Capilla privada, de estilo gótico tardío, decorada en estilo mudéjar, son otros de los motivos para realizar esta visita.

4. SEVILLA TAIFAL

4.11.5 Sevilla Cristiana: Renacentista y Barroca

Más de un centenar de edificios religiosos son construidos, ya sean Monasterios, Conventos e Iglesias, donde abundan el mármol, los retablos labrados en oro y plata de las Américas, diseñados por los grandes arquitectos del renacimiento y del barroco, financiados con el saqueo sistemático de las arcas públicas por parte de la nobleza y alta burguesía de la ciudad.

En su interior, **obras de Zurbarán o Murillo** son habituales, y de otros autores menos conocidos en la actualidad, pero de igual prestigio en aquellas pretéritas épocas.

⇨ **La Basílica del Gran Poder,** inspirada en el Panteón de Roma, o la Iglesia de San Esteban, con siete lienzos de Zurbarán, o la Iglesia de San Luis de los Franceses, la más lujosa de de las iglesias barrocas, o la Iglesia de la Anunciación de Hernán Ruíz, son solo algunas de entre tantas.

⇨ **El Convento de los Terceros Franciscanos,** uno de los primeros de los Barrocos sevillanos, **o el Monasterio de la Cartuja o de Santa María de las Cuevas,** de diversos estilos, pero con una decoración Barroca exquisita, **el Hospital de la Caridad,** con una pequeña iglesia, por la cual pasaron los mejores artistas y artesanos de esa época, desde Murillo a Pedro Roldán, sin olvidar **el Palacio Arzobispal,** con sus más de seis mil metros cuadrados, entre otros.

⇨ **Otros edificios representativos de la ciudad, con diversas funciones, símbolos del poder, ya sean administrativos o religiosos, que podemos destacar son:**

⇨ **El Ayuntamiento,** con su fachada plateresca, **la Antigua Audiencia o Real Chancillería,** con su patio andaluz con su fuente central, **o el Palacio de San Telmo,** con su impresionante fachada, hoy reconvertido en Presidencia de la Junta de Andalucía, o la **Plaza de Toros de la Real Maestranza de Caballería,** son algunos de tantos.

4. SEVILLA TAIFAL

4.11.5 Sevilla Cristiana: Renacentista y Barroca

⇨ **La Catedral de Santa María de la Sede de Sevilla o Catedral de Sevilla,** en cuya construcción se demorara más de tres siglos, y que **abarca todos los estilos,** desde el andalusí al barroco, pasando por el Gótico, es la mayor Iglesia católica del mundo, solo superada por el Vaticano.

De planta Gótica, con multitud de Capillas de estilo renacentista, de la cual sobresale la Capilla o Altar Mayor, y de estilo Barroco, su anexo, la Iglesia del Sagrario, sin olvidar la parte neoclásica, que encontraremos en la zona suroeste del este templo, descubrir sus características es imposible en breves líneas…

4. SEVILLA TAIFAL

4.11.6 Sevilla Cristiana: Renacentista y Barroca

Solo el visitar los Reales Alcázares de Sevilla, recompensa el esfuerzo de ir a esta hermosa Sevilla, dual aún en este Siglo XXI...

Ya a fines del **Siglo XIX y principios XX,** después de las pérdidas de las Américas y sus inmensas riquezas, surge nuevas edificaciones, tratando de recordar ese pasado esplendoroso, con un estilo propio, de manos de **un andalucismo regionalista centralista,** que las grandes construcciones de la **Exposición Iberoamericana del 29,** es su símbolo más representativo, y la **Exposición Universal de Sevilla del 92,** su continuación, financiado mediante el saqueo sistemático del resto de las provincias andaluzas, y la NO distribución de los fondos de Madrid y Bruselas con destino al desarrollo de los pueblos de esta Andalucía, generando a la vez grandes fortunas particulares, de esa nueva nobleza burguesa, ahora procedente de las élites políticas...

OBRAS CUMBRES DEL ARTE ANDALUSÍ

LA GIRALDA DE SEVILLA. Estilo Almohade.

ALCAZABA MILITAR DE MÁLAGA. Estilo Taifal.

PALACIO FORTALEZA DE LA ALJAFERÍA. Estilo Taifal.

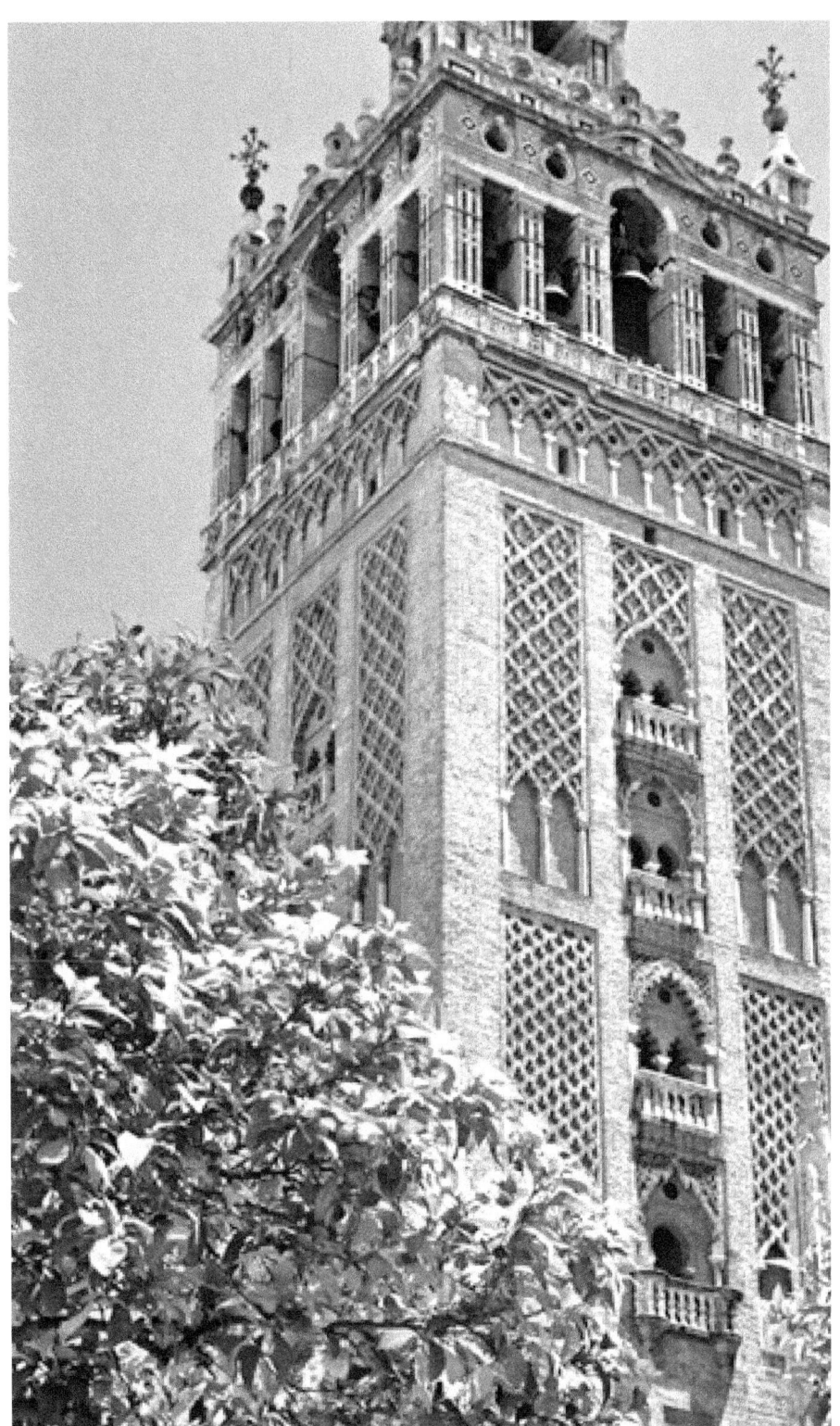

GIRALDA DE SEVILLA.
Estilo Almohade.

"De la Alhambra a la Mezquita de Corduba."

6.1 El Origen

L as eternas olas de tolerancia con explosiones de fun-
damentalismo, procedente de esos inmensos desiertos
donde los menos eruditos y más violentos tratan de
imponer una visión radical y violenta, incompatible con las enseñanzas
de Mahoma, triunfan por breves décadas y los Almohades son uno de
tantos.

Míseras montañas son el Anti Atlas, donde habita un pueblo orgullo-
so y violento en ocasiones, donde la pobreza es generalizada hasta hace poco
tiempo, y es la **cantera perfecta para los falsos ulemas** que desean el poder a
toda costa, sin importarles el baño de sangre de los inocentes que conllevara,
aunque ya no es ese Atlas, sino e**sos barrios occidentalizados,** donde la **pobreza
moral se mezcla con la pobreza intelectual,** las **nuevas canteras del fundamen-
talismo del Siglo XXI.**

El **Arte de estos Almohades es sencillo,** grandes **mezquitas** para que los
creyentes recen, aunque sea a punta de lanza o fusil, y **minaretes o alminares
que casi rozan el cielo,** desde los cuales los ulemas llaman al rezo, y los señores
de la guerra almohades se muestran al pueblo, con todo su poder…

⇨ **Tres son sus capitales, Marrakech, Rabat y Sevilla;** tres sus grandes
mezquitas, la primera aún la podemos admirar en la primera ciudad nombrada,
la **segunda jamás construída** y que iba a ser la mayor jamás construida, solo
cientos de columnas perduran en esa Rabat, ciudad fortaleza conquistadora
del Al Ándalus; de la tercera, estaba situada a los pies de la Catedral de Sevilla.

Pero son **sus minaretes o alminares,** sus mayores logros, el más hermoso
de todos, que aún perdura, como fue en sus orígenes, es la **Kutubia de Marrakech,** solo con su visita merece el esfuerzo de desplazarlos a esa vieja ciudad
milenaria, a donde arriban las inmensas caravanas de oro, plata y esclavos del
Sahel.

La Torre de Hassan, la mayor de todas, jamás fue terminada, de planta
cuadrada, aun podemos ver sus **casi cincuenta metros de altura en Rabat,** y con
ello darnos cuenta de la grandeza del proyecto.

La tercera de ellas, quizás la más pequeña, es la conocida como **Giralda de**

6 GIRALDA DE SEVILLA. *Estilo Almohade.*

6.1 El Origen

Sevilla, cuya construcción fue **iniciada en el año 1184** y finalizada una década después

6.2 El Alminar Almohade

L a **Mezquita Mayor o Aljama de Sevilla,** fue construida entre los años 1172 y 1182 y dos años después, se inició la construcción de su Alminar o Minarete, con una altura de 82 metros, el más alto edificio de Europa durante más de un siglo.

Yacub I, Califa almohade, asigna al **andalusí Ahmad Ben Baso,** arquitecto o alarije ya de gran renombre, habiendo participado en otros proyectos como el **Palacio de la Buhaira,** siendo finalizada por el alarije Allí de Gomara, después del fallecimiento de este genio llamado Ben Baso.

⇨ **Piedras talladas a escuadra o Sillerías,** es la base del minarete almohade, **materiales reciclados de construcciones romanas y visigodas,** de planta cuadrada, pero en realidad, son **dos torreones o minaretes,** y el espacio entre ellos, una **amplia rampa** para que el Califa Almohade pudiera subir a caballo, hasta la terraza, desde la cual el almuecín llamaba al rezo.

Esa es otra de sus curiosidades, **carece de escalera,** siendo un conjunto de treinta y cinco rampas, acorde a las necesidades de Yusuf I, el soberano almohade.

En los **pilares de piedra** de la construcción andalusí, podemos ver **caracteres en latín,** ya que fueron materiales de la extinta Híspalis romana utilizados en su construcción.

Los **ladrillos son utilizados en la construcción** y decoración del primer cuerpo del minarete de unos 50 metros de altura, existiendo un segundo cuerpo de menor tamaño, unos 30 metros de altura si incluimos el yamur, ya desaparecidos.

Los **paños de sebka o red de rombos entrelazados,** es el elemento decorativo más importante, **acompañados de arcos de herradura,** poli lobulados, recubiertos por un alfiz o moldura, todo ello dentro de un arco de herradura de mayor tamaño, todo ello realizado en ladrillo.

Cuatro grandes bolas de Bronce, doradas, llamadas Yamur sobresalían de la terraza, insertadas en una espiga o barra de hierro, siendo la altura total de **82**

6.2 El Alminar Almohade

metros, **el edificio más alto de Europa** en esos siglos...

Sobrio, pero a la vez elegante, ese minarete almohade, representa la mitad de la actual Giralda.

6.3 La Giralda Cristiana

Fernando III, el Santo, conquista la ciudad en el año 1248, convirtiendo la Mezquita Mayor o Aljama en la nueva Catedral de Sevilla, y el minarete en el nuevo Campanario Cristiano.

En el año 1356, después de la caída del yamur o bolas doradas, es añadido una espadaña o muro vertical, sobre el cual se le añade la primera campana, pero no es hasta el Siglo XVI, cuando ya se puede empezar a llamar Giralda.

⇨ Hernán Ruíz, gran arquitecto del renacimiento español, que en 1562 añade las columnas de piedra en la parte superior, que recubiertas de ladrillo, harán la función de campanario, todo ello llamado Cuerpo del Campanario.

Diversos añadidos o cuerpos, como el de las Azucenas formado por cuatro jarras de bronce de azucenas, el de las Carambolas, el de las Estrellas, el de la Cúpula, son obra de Hernán Ruíz, en un claro estilo renacentista.

⇨ Y rematándolo, una estatua de bronce con apariencia de una diosa clásica, portando en sus manos un escudo y una hoja de palma, se mueve en dirección al viento, como una veleta, que Gira lentamente o Giralda, nombre que ya encontraremos en clásicos como El Quijote de Miguel de Cervantes.

En total son unos catorce metros añadidos al minarete almohade y los diversos cuerpos renacentistas…

Se conservan algo más de cincuenta metros del alminar almohade que la torre o cuerpo del campanario cristiano, añaden otros 10 metros extras, dando cobijo hasta 24 campanas.

El Cuerpo o Terraza de las Azucenas, más el Cuerpo del Reloj, el de Caramolas, el Penacho, y el famoso Giraldillo, le hacen alcanzar los 95 metros de altura, siendo durante siglos el edificio cristiano más alto de Europa.

Interesante experiencia es subir hasta la Terraza de las Azucenas, observando los diferentes periodos constructivos del estilo almohade al renacentista, aunque el precio, casi 10€, es algo excesivo para algunos viajeros…

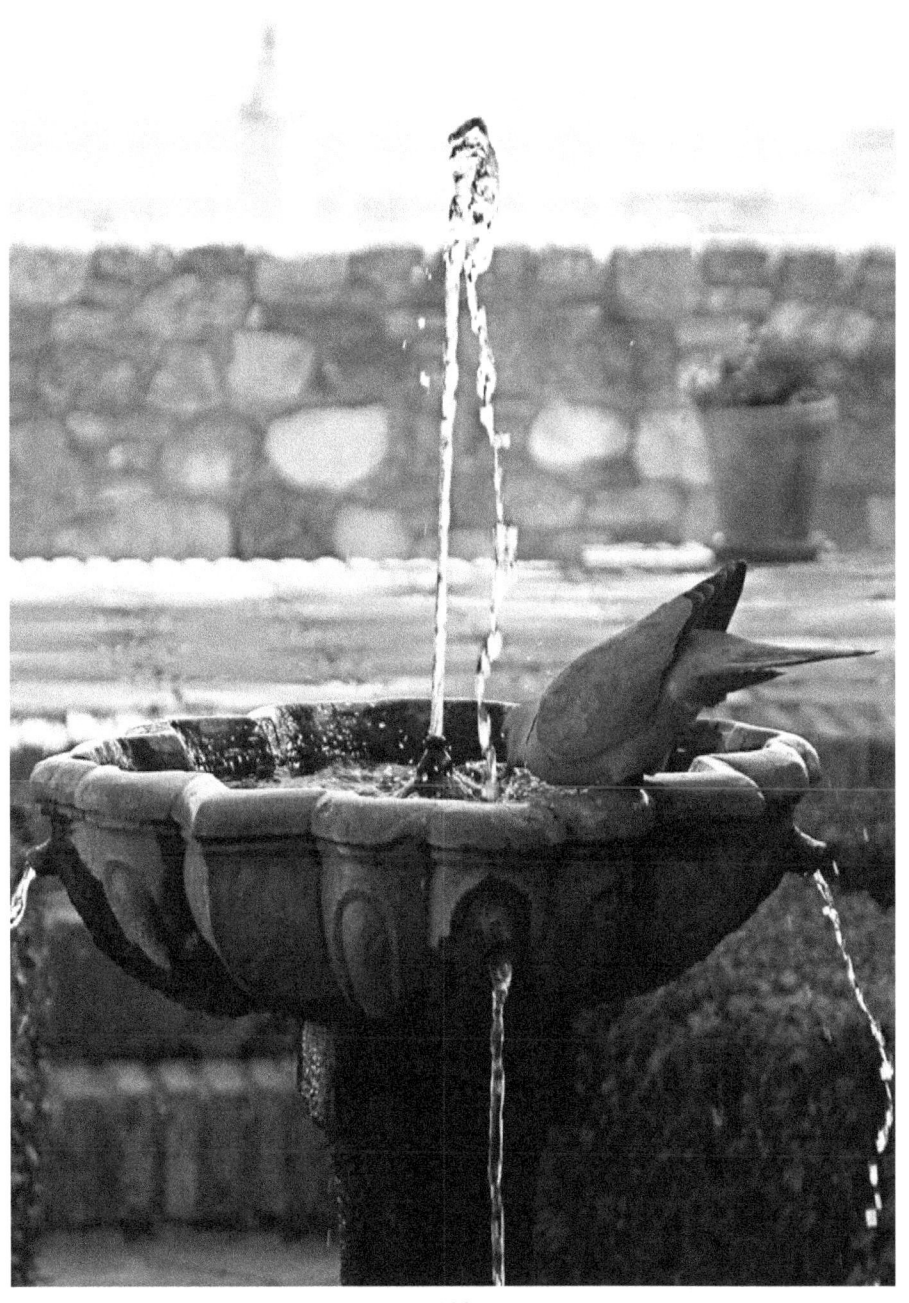

ALCAZABA DE MÁLAGA.
Estilo Taifal.

7 *ALCAZABA DE MÁLAGA. Estilo Taifal.*

7.1 El Origen

Orígenes remotos, hermana mayor del Castillo de Gibraltar ya utilizado como asentamiento fenicio hace casi 3.000 años, donde un Faro iluminaba el camino al puerto de esos navegantes de la antigua Fenicia o Líbano, que recorrían el mundo en busca de riquezas.

Griegos y Romanos, ya asentaron sus lanzas sobre ese monte Gibraltar, en el cual, viejos centuriones vigilaban las costas en busca de barcos perdidos o piratas procedentes de esa Mauritania salvaje.

Visigodos romanizados debieron habitar el Castillo de Gibraltar desde el cual señoreaban a esos hispano romanos que se atrevían a salir en sus pequeñas jabegas a comerciar o pescar por las tierras limítrofes.

Reconstruido por Abderramán III, como guarnición de tropas mercenarias, y ya llamado Alcázar o Castillo Fortaleza por el Rey Nazarí Yusuf en el Siglo XIV, resistió durante meses el asedio de los Ejércitos cristianos de los Reyes Católicos, siendo residencia de Fernando el Católico por unos años.

Aún continua en pie este milenario Castillo o Alcázar, indestructible, pero demasiado pequeño para proteger todo una ciudad como Málaga, lugar de ricas pescas y salazones, atrevidos navegantes que comerciaban con el ya llamado Magreb, por ello, se crea una gran fortaleza o Alcazaba, donde miles de soldados podían residir y luchar, La Alcazaba de Málaga.

7.2 La Alcazaba Califal

El fin de los Omeyas conlleva una Guerra Civil o Fitna de al-Ándalus, que dura décadas, uno de esos generales de Almanzor, convertido en Señor de la Guerra, se auto proclama Califa, fundando su propia dinastía, **la de los Hammudies,** que mancha sus manos con la sangre de los últimos omeyas.

Un pasado difuso es el de la Alcazaba de Málaga, quizás las primeras piedras fueran puestas por el Emir Salih al-Himsi o quizás por Abderramán I en el Siglo VIII, con **algunos edificios administrativos, una mezquita y alguna muralla defensiva,** pero diversos saqueos en las eternas revueltas de los señores de la guerra, y la obligada destrucción de las murallas de toda ciudad por Abderramán III, como medida para imponer su gobierno a todos, nos dejan sin rastro de este primer pasado.

⇨ El fin de los Omeyas conlleva una Guerra Civil o Fitna de al-Ándalus, que dura décadas, **uno de esos generales de Almanzor,** convertido **en Señor de la Guerra,** se auto proclama Califa, fundando su propia dinastía, la de los Hammudies, que mancha sus manos con la sangre de los últimos omeyas.

Tan poco amado por el pueblo, ya que su poder se basa en las tropas mercenarias bereberes reclutadas en las montañas del Magreb, que huyen de esa Córdoba casi arrasada, **fundando un pequeño reino de escasa duración,** la Taifa de Málaga, gobernada por un Hammudie llamado Yahya al-Muhtal.

7 *ALCAZABA DE MÁLAGA. Estilo Taifal.*

7.3 La Alcazaba Taifal

Yahya al-Muhtal, **rey de la Taifa de Málaga,** refuerza las débiles murallas de la Alcazaba, utilizando los edificios administrativos de origen califal como residencia palaciega, aunque no es hasta que **sus rivales,** los Ziríes de Granada, conquistan la ciudad, no se emprende una **verdadera construcción de una Alcazaba o Fortaleza Palacio.**

Badís ben Habús, tercer rey ziri de Granada, ordena la construcción o quizás reconstrucción de **una gran Alcazaba militar,** que protegiera a la ciudad de cualquier asedio, **saqueando la ciudad romana,** en particular el teatro romano, como pilares o refuerzos de sus amplias puertas, y hermosas esculturas de mármol, como objetos decorativos.

Piedras de Caliza labradas en sillerías **extraídas a orillas del mar,** frágil material constructivo que necesita ser restaurado periódicamente, es utilizado en los muros de la Alcazaba de Málaga.

⇨ Retazos estructurales **de un estilo bizantino u oriental,** permanecen ocultos debido a la influencia de arquitectos andalusíes malagueños, que aún recordaban cuando **esta ciudad fue capital de la Hispania Bizantina de Justiniano,** aunque poco hallaremos de este pasado, ya arrasado.

Nuevas invasiones de Almorávides y Almohades, que conquistan con sangre y dolor esta ciudad, dañan y luego reparan las murallas de esta Alcazaba, fortaleza militar, residencia palaciega del gobernador o caíd y área administrativa o burocrática.

De las mejores Alcazabas militares de su época, aún no es esa Fortaleza inexpugnable, única en el mundo, eso sucederá años después, de manos de los nazaríes…

7 ALCAZABA DE MÁLAGA. *Estilo Taifal.*

7.4 La Alcazaba Nazarí

Son los nazaríes de Granada los que destinan sus escasos fondos obtenidos del próspero comercio con la Sevilla cristiana, a dos grandes construcciones, **la Alhambra de Granada y la Alcazaba de Málaga**, las cuales tardan casi dos siglos en ser completadas..

Esta gran obra, de cuyos arquitectos se desconocen sus nombres, presenta **una gran similitud con la otra gran fortaleza que ha sido inexpugnable** durante casi mil años, el **Crac de los Caballeros de Siria,** antigua capital de la Orden de Malta, que resistió el asedio de poderosos ejércitos, inclusive el comandado por Saladino, pero **jamás lograron romper sus defensas,** solo la traición logró penetrar sus muros.

Aún hoy en día, es utilizada como fortaleza militar, en esa guerra fratricida que sucede en esa Siria dividida, donde los modernos tanques tratan de derribar esos muros milenarios…

⇨ En pleno Siglo XV, las **huestes cristianas al mando de Fernando el Católico,** con un ejército de 50.000 soldados, tratan de conquistar la inexpugnable Alcazaba de Málaga, apenas defendida por tres mil mercenarios bereberes con el refuerzo de unos miles de civiles andalusíes malagueños, al mando de la Zegríes, vieja familia nobiliaria andalusí de orígenes de la ciudad de Fez.

Solo **la traición de Ali Dordux,** permiten la **conquista pacífica de la Alcazaba** tras meses de asedios, y su hermano pequeño, **el Alcázar de Gibralfaro,** tras el fallecimiento de sus últimos defensores por hambre, así termina la vida de la Alcazaba andalusí y **comienza una nueva Alcazaba Cristiana.**

Residencia permanente de Fernando el Católico, tras la conquista de Málaga, o de Felipe IV, que también residió uno meses en los Palacios Taifal y Nazarí, que aún conserva esta invencible Alcazaba de Málaga.

Un traidor olvido, le llegan a una casi muerte, perdiendo la mitad de su territorio, apenas 15.000 metros cuadrados de los más de treinta mil originales, pero **renace con parte de su esplendor,** en pleno Siglo XX, de manos de **arquitecto y restaurador Torres Balbás,** al cual le debemos que aún sea digna de ser visitada, y pasear por donde generales, príncipes y reyes descansaron, y los hu

7 ALCAZABA DE MÁLAGA. *Estilo Taifal.*

7.4 La Alcazaba Nazarí

mildes sufrieron humillaciones ante esos señores y sus administradores, la eterna burocracia que nos imponen los poderosos al pueblo, para su explotación…

7.5 La Murallas.

Una doble muralla, con la exterior o inferior que envolvía a la interior o superior, con grandes bloques o sillerías de piedra de calcacaerina o caliza nummulítica, con un mínimo de seis metros de altura y un ancho que supera los dos metros.

Treinta Torreones defensivos, a los cuales se les podía añadir cañones de la incipiciente artillería, y un total de **veinte puertas de acceso fortificadas,** unidos por una larga muralla al Castillo o Alcázar de Gibralfaro

El Primer recinto amurallado o **Inferior o exterior,** al cual se accedía a través de una serie de Puertas, **en recodo para su mejor defensa,** entre las que destacan:

⇨ **La Torre de la Bóveda Vaída,** aún perduran restos del Siglo XI, aunque ampliada en los XIV y XVI, en una pendiente de difícil caminar, en recodo, se accede a las Puertas de las Columnas de triple arco de herradura, con columnas de mármol romanas recicladas y capiteles visigodos.

Un **estrecho pasillo o adarve,** en las murallas, vigilado por una serie de pequeños torreones defensivos, daban mayor protección a estas Puertas de esta Alcazaba inexpugnable.

Se supone que pasada esta última Puerta, se encontraba las **Atarazanas o Astilleros militares,** que conectaban directamente con la brava, a esta zona ya desaparecida, se le denominaba la Haza de la Alcazaba.

⇨ **La Puerta o Arco del Cristo,** por la cual se llegaba a la **explanada o recinto intermedio,** con una piedra central o dovela, en su arco, pintada en dorado y con una llave labrada, por ello, el nombre original es **Puerta de la Llave,** y quien la poseyera, sería el dueño de Al Ándalus, por ello, la conquista de esta Málaga andalusí, fue una de las batallas más feroces jamás conocidas en estas tierras, y la Granada nazarí, ya considerada perdida por sus hermanos, se rindió apenas sin luchar....

7 ALCAZABA DE MÁLAGA. *Estilo Taifal.*

7.5 La Murallas.

⇨ **La Puerta del Arco,** utiliza el típico **alfiz o moldura de ladrillo** ya descolorido por el paso de los años, protegiendo la Torre del Arco, siendo habitada en época ya cristiana por familias humildes, y también fue una Capilla con un retablo que ya restaurado, aún podemos admirar en el Monasterio de la ciudad de Arciona.

⇨ Nada más acceder a la **explanada central o Plaza de Armas,** podemos ver **restos de la época romana,** junto con **antiguas albercas o depósitos de agua,** quizás romanas aunque utilizados en la época musulmana.

7.6 La Plaza de Armas

Una gran explanada, entre ambas murallas, refugio de la población civil en épocas de guerra civil o razias asesinas, en las últimas décadas, sirvió como **puesto permanente de artillería,** que la hacían invulnerables a los ataques de las flotas cristianas.

Aunque el uso de la **pólvora y de pequeñas armas o fusiles,** ya se había introducido en Europa siglos atrás, **son los andalusíes,** los que desarrollan el **potencial de la artillería o cañones,** como medio para equilibrar la escasez numérica de sus ejércitos, que luego todos copian.

⇨ **Ahora es una amplia zona ajardinada,** pero aún perduran la **Torre del Homenaje o de la Vela,** la mayor de los torreones defensivos, con un efecto disuasorio o como se dice en la actualidad, psicológico, para mayor intimidación de los ejércitos asaltantes, y la **Torre o Puerta de la Coracha,** acceso amurallado hasta el Alcázar o Castillo de Gibralfaro, último lugar de resistencia militar.

7.7 Los Palacios

Una única **Puerta doble**, la **Puerta Siete Arcos o la de los Cuartos de Granada**, situada debajo de ésta, permitía acceso al **Recinto Superior o Interior** que llevaba a un **gran Patio Central**, hoy zona ajardinada desde la cual nos encontrábamos con el **Barrio Militar**, el **Palacio Taifal** y el **Palacio Nazarí**.

⇨ **El Barrio Militar**, dividido **en tres calles**, cada una de las cuales con un grupo de casas, de claro estilo andalusí:

Un patio central, alrededor de los cuales, unas pequeñas habitaciones, servían como dormitorios, todo ellos enlosados con piedras, mármol reciclado o losetas de barro ocre, sin olvidar, unos baños o hammaan, un pozo, y otros detalles de una pequeña ciudad militar.

La Torre del Homenaje o de la Vela, a escasos metros, el punto más alto de esta zona defensiva, a la cual rápidamente podían acceder los soldados desde sus dormitorios.

⇨ **El Palacio Taifal,** el más **antiguo de todos**, construido en el Siglo XI, aún podemos ver el **Patio de los Surtidores**, salón de planta rectangular con su fachada, con tres arcos de herradura, con sus dovelas de estilo califal, piedras alternadas por ladrillos, con **decoración de arabescos o formas geométricas** que imitan plantas u hojas.

Un pequeño **pabellón cuadrado** con algunos **arcos lobulados**, también pertenece a la época Taifal.

Tanto la **Torre de Maldonado como la Torre de la Armadura Mudéjar,** de posible origen Taifal, pero ampliamente reformadas, aún conservan algunas columnas de mármol de dicho periodo.

7.7 Los Palacios

⇨ **El Palacio Nazarí,** superpuesto sobre el Taifa, es el **mayor de ambos,** formado por el **Patio de los Naranjos con dos pequeñas albercas,** rodeados de naranjos, y diversos arcos de herradura, como puertas o accesos al **Patio de La Alberca o Arrayán,** con una gran alberca o **piscina de agua,** daban frescor a esta zona palaciega, residencia del gobernador o caíd, siendo parte del suelo del pavimento original, todo ello reconstruido a mediados del Siglo XX, pero respetando la estructura original.

7.8 Epílogo

La mayor fortaleza militar de la edad Media Europea, y hasta varios siglos después, no pudo ser imitado, apenas son 15.000 metros cuadrados los que perduran, aunque su espacio original, como mínimo lo duplicaba.

Hasta 10.000 soldados podían guarnecerse dentro de ella, y la **incipiente artillería** la protegían de los asaltos marítimos, nunca jamás fue vencida, solo el engaño y la traición permitieron su conquista.

Para los más perezosos, **un ascensor nos permite subir** hasta los Palacios en la parte superior, y **una bajada en un caminar tranquilo**, nos dan una idea de esa grandeza extinta.

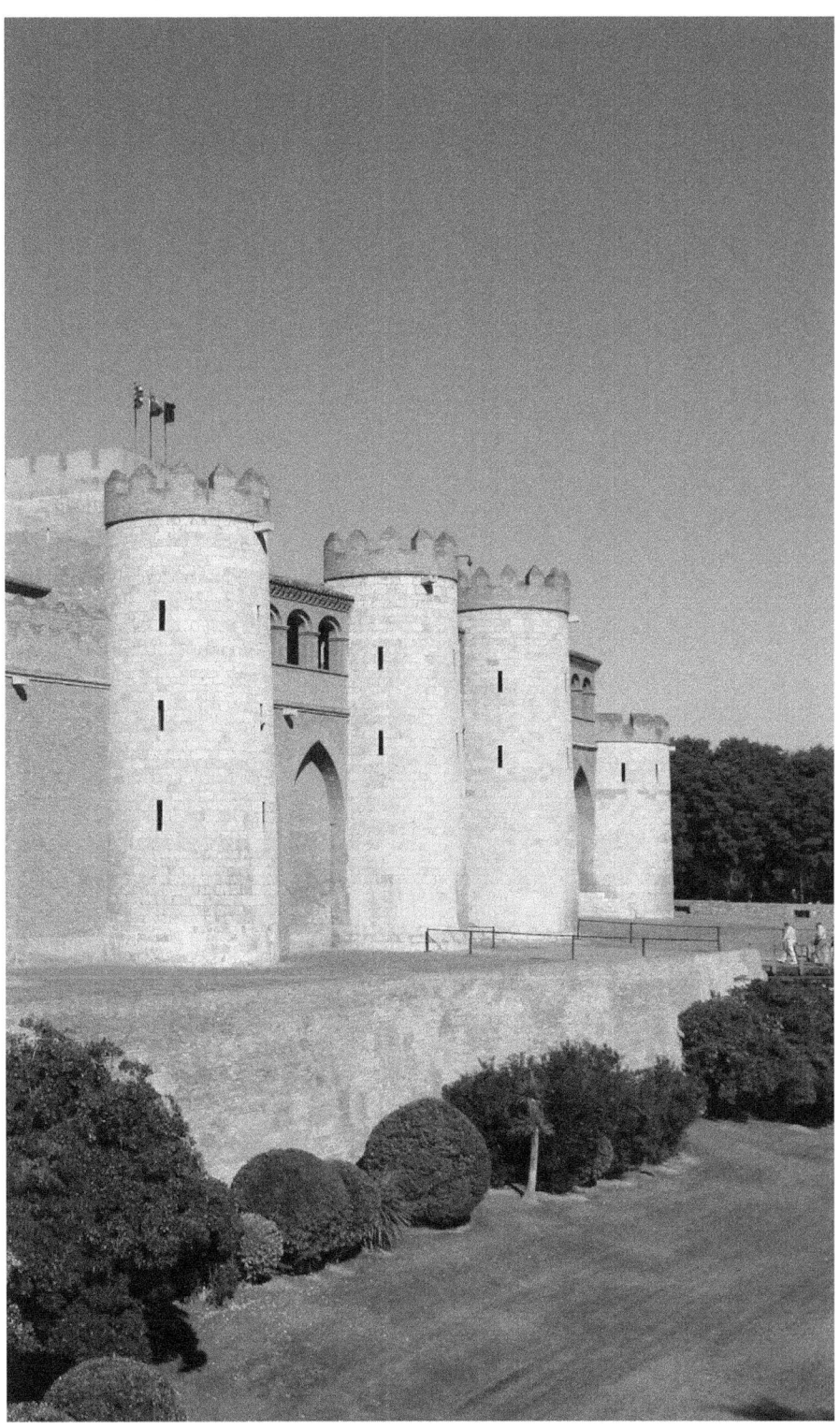

PALACIO ALFAJERÍA DE ZARAGOZA.
Estilo Taifal.

8.1 El Origen

Mil veces reconstruido y reformado el Palacio de la Alfajería, ese estilo propio taifal se mezcla con el arte mudéjar, con detalles del incipiente renacimiento...

La Ciudad Blanca o Al-madlna l-bafia, a decir de los poetas andalusíes, o su nombre oficioso, **Saraqusta versus Zaragoza,** capital de la Marca del Norte, barrera natural entre el Califato de Córdoba y los incipientes Reinos Cristianos, ya en una temprano año 714 formaba parte de Al Ándalus, pero como toda región periférica, las revueltas de los nobles locales en contra del poder centralizador, para aumentar sus privilegios sin control externo, son habituales durante toda la época Califal de los Omeyas.

⇨ **La Sangrienta Guerra Civil,** que provocó el fin de los Omeyas de manos del Señor de la Muerte llamado Almanzor, hacen que ya **en el año 1018** un tal **Mundir I se auto proclame rey y sultán,** en esa Saraqusta o Zaragoza, en uno de esos **tantos reinos taifales gobernados por generales impávidos,** pero poco tiempo dura esta dinastía Tuyibíes, antaño fieles lacayos de los Omeyas, como contrapeso de esa mítica dinastía hispanomusulmana, **los Banu Qasi o Hijos del Conde Casio.**

Fue un antiguo general de Almanzor, procedente de una vieja familia yemeni, llamado **Sulaymán ben Hud,** quien el año 1038 funda **una nueva dinastía, la de los Hudies,** que gobiernan hasta la invasión almorávide, los hace desparcccr dc la historia, sucediendo ese evento en el año 1110, pero dejándonos a cambio, **una de las siete maravillas** del arte andalusí, el **Palacio de la Alfajería de Saraqusta o Zaragoza.**

⇨ **El Palacio Fortaleza del Desierto,** un estilo propio del cual perduran pocos ejemplos de un total de veinte, construidos por los Omeyas por todo el mundo islámico, pero los que aún pueden **ser visitados se encuentran en Jordania,** no tan lejanos de la mítica Petra, y entre sus características más habituales, es su limitado tamaño, **su planta cuadrada o rectangular,** sus altos muros, sus **docenas de torreones defensivos,** y un **Pabellón palaciego,** con varias Salas, un gran Patio, etc.

8 PALACIO ALFAJERÍA DE ZARAGOZA *Estilo Taifal.*

8.1 El Origen

Allmad ibn Sulaymán, hijo del fundador de la dinastía de los Hudíes, se encarga de realizar **los sueños de su padre,** el mayor y más bello Palacio Fortaleza del Desierto jamás construido, labor que por su inmensidad continúa el nieto del fundador, creando **un nexo de unión entre el arte califal primigenio y el arte andalusí,** que será conocido como arte taifal, el cual **copiaron almorávides y almohades,** que los exportaron por sus amplios imperios.

Mil veces reconstruido y reformado el Palacio de la Alfajería, ese estilo propio taifal se mezcla con el arte mudéjar, con detalles del incipiente renacimiento...

8.2.1 La Murallas y Torreones

Construido lejos de las murallas protectoras de la ciudad de Saraqusta o Zaragoza, rodeado de huertas y árboles frutales, cumplió una función más lúdica que militar y también como residencia de descanso, solo apta para proteger a los reyes taifales de sublevaciones populares, no del ataque de ejércitos enemigos.

El **Palacio es de planta cuadrada** y las **Murallas** que algún historiador atribuyó a Abderramán III, es algo muy discutible, ya que están acreditadas que son de la época de los hudíes, **eran de tapial o adobe con zócalos de piedra**, protegidas por **dieciséis torreones semicirculares**, y típico de los Palacios Fortalezas del Desierto, y una Torre ya de planta cuadrada que aún perdura, exclusiva del arte militar taifal, conocida como la Torre del Trovador.

De los torreones semicirculares, ya desaparecieron su rastro, siendo los actuales reconstruidos en pleno Siglo XX por el arquitecto Iñiguez Almech, pero si miramos a la parte inferior, su base o basamentos, son originales de ese siglo XI, o por lo menos eso se cree.

La Puerta de acceso al recinto, reconstruida en su totalidad, respetando la original de los hudíes, situada **entre dos de los torreones semicirculares con alabastro o piedra caliza** y ladrillos de barro cocido color ocre, con un gran arco de herradura a su entrada de estilo califal cordobés, y a continuación la **galería o pasillo**, sostenido por una scric dc arcos apainelados o en forma de semicírculo, y para finalizar, esta puerta con su pasillo, está en recodo o zigzag, para facilitar su defensa en caso de ataques externos.

8.2.2 La Murallas y Torreones

La **Torre del Trovador,** la más antigua de las edificaciones que se conservan del periodo previo a los hudíes en época de la dinastía Tuyibíes en el Siglo IX, cuando aún no eran reyes taifales, como típica fortificación defensiva que realizaba labores de vigilancia a unas decenas de kilómetros de la Zaragoza musulmana.

⇨ **Su nombre, el Trovador,** procede de una vieja leyenda sobre el noble D. **Manrique de Lara,** músico aficionado y don juan empedernido, que pasó unos años en dicha torre por sus múltiples pecados, del cual el escritor romántico del XIX, Antonio García Gutiérrez, creo su obra teatral "El trovador", de gran éxito en los madriles de esa época.

De **planta rectangular y con gruesos muros** de más de cuatro metros de espesor, aún **conserva parte de los bloques de sillerías o piedras labradas en su parte inferior** de la primera época, la Tuyibíes, pero el resto es de mortero de yeso y cal, materiales mas frágiles y económicos. Desde el exterior solo podemos observar varias ventanitas o aspilleras y las almenas de la parte superior.

Cinco plantas son las que dispone dicho edificio, las primeras **tres de época musulmana,** entre las cuales destaca la primera, dividido en dos naves o salas, divididas en seis tramos por columnas o pilares en forma de cruz, sosteniendo una serie de arcos de herradura, y un pozo de gran profundidad en dicha planta, proveedora de la vital agua para soportar asedios.

La segunda planta, idéntica a la primera, reformada en época de los Hudíes, **carece de cualquier decoración palaciega,** y la **tercera planta,** claramente del siglo XI o Hudíe, ya se ven los primeros signos decorativos, **caligrafía en árabe con alabanzas a Ala y atauriques o motivos vegetales, en el techo,** pinturas quizás del Siglo XIV, en la cual se puede observar el nombre de Venus entre otros.

Las **dos últimas plantas de estilo mudéjar,** ya construidas en tiempo de Pedro IV, con arcos en forma de ojiva o apuntados, típicas de muchas iglesias góticas, y el techo es plano careciendo de bóvedas, **recubiertas de techumbres de maderas,** todo ello, con diferentes detalles decorativos mudéjares.

8.3.1 El Palacio Taifal.

El Patio y Jardín Central o de Santa Isabel.

Obra de Abú Yafar Áhmad ibn Sulaymán, segundo rey taifal de los hudíes, comenzó su construcción en el año 1061 y continuaron durante veinte años, y como lugar de ocio y placer, le asignó un nombre acorde a su función, **Qasr al-Surur o Palacio de la Alegría,** que además de la planta característica de los Palacios Fortaleza del Desierto, con sus torreones defensivos semicirculares, en su interior **dividido en tres zonas** claramente diferenciadas, **la central o ajardinada** con varias albercas acompañados de árboles frutales y/o aromáticos, y en sus **extremos dos pabellones palaciegos,** siendo el situado al Norte, el más amplio y bellamente decorado.

⇨ **El Patio y Jardín Central o de Santa Isabel,** de planta rectangular, con un eje central recubierto de **mármol blanco,** y en paralelo, pequeños canales de agua que fluyen hacia la alberca y la fuente, con dos **hileras de naranjos y setos,** imitando el estilo de Medina Azahara, ya que como el Generalife de la Alhambra, es una reconstrucción del Siglo XX.

El **reflejo de los pórticos o entradas** a los pabellones del Norte y el Sur con sus **arcos de herradura sobre las albercas,** crean ese efecto tan maravilloso que aún podemos observar en el Palacio del Partal en la Alhambra.

8.3.2 El Palacio Taifal.

E l Pabellon Norte.

El Pabellón Norte, que en origen **debió tener dos plantas,** y para acceder desde el Patio de Santa Isabel, hay que atravesar **dos arcos apuntados o en forma de ojiva,** y luego una serie de arcos mixtilíneos poli lobulados o con salientes en forma de arco, para acabar en **arcos de herradura visigodo,** que nos llevará ante la entrada o pórtico de la Sala del Trono o Sala Dorada.

⇨ **El Pórtico,** compuesto de **múltiples arquerías o sucesión de arcos poli lobulados,** con salientes en forma de arco, con unos grandes alfices o molduras, sobre las cuales, **las yeserías,** decoradas con lacerías o bandas entrelazadas rectas o en ángulos **atauriques o arabescos,** formas geométricas representando motivos vegetales, todo ello policromados en color azul y rojo, y en dorado los arabescos, y lo más sorprendente aún, la representación de algún ave, algo intolerable para el Islam más estricto.

⇨ **La Sala Dorada del Pabellón Norte,** con dos alcobas o pequeñas habitaciones en sus laterales, mantiene las características generales, pero con **materiales más nobles,** suelos de mármol blanco, yeserías decoradas con atauriques policromados, zócalos de alabastro, piedra caliza similar al mármol, columnas dobles de caliza rosada, que soportan enormes alfices, con decoración exuberante.

⇨ **El Techo, de madera labrada,** entrelazadas, representaban el Cosmos, uno de los símbolos mágicos del Islam, con un **sinfín de estrellas como un firmamento infinito,** todo ello policromados en dorado con inscripciones o caligrafía en árabe.

8.3.3 El Palacio Taifal.

E l Pabellon Sur.

El Pabellon Sur, **desparecido en el Siglo XIV,** ha sido someramente restaurado con un **gran pórtico o entrada,** imitando al del Pabellón Norte, un Salón Principal y dos pequeñas habitaciones o alcobas.

⇨ **La Capilla mudéjar de San Jorge,** ocupó durante siglos este espacio, pero ya **destruída en el Siglo XIX,** en esos hechos incompresibles que siempre suceden con el amplio Patrimonio Cultural de este país.

⇨ **El Oratorio o pequeña Mezquit**a, a la cual se acedía desde el Salón del Trono o Salón Dorado, a través de unos arcos de herradura con salmares, y el mihrab o nicho donde nos marca la dirección de La Meca, también **dispone de arcos de herradura de un estilo más cordobés o califal,** y las paredes, decoradas con **yeserías con atauriques y caligrafía en árabe con alabanza**s en su mayor parte desaparecidas, y la **Cúpula ya restaurada** en este pasado Siglo XX, de un **estilo más almorávide** que califal, solo recordar, que tanto el estilo almorávide como el almohades, se basan en los fundamentos de los estilos andalusíes cordobeses y taifales.

8.4.1 El Palacio Mudéjar

Alfonso I de Aragón conquista la ciudad de Saraqusta, en el año 1118, **siendo Pedro IV el Ceremonioso,** quien decide construir en este espacio, **un nuevo Palacio de estilo Mudéjar.**

Previamente en tiempos de Alfonso I, se pusieron **las primeras piedras** de la que sería la **Iglesia de San Martín,** a posteriori, en época de los Reyes Católicos, construyen una segunda planta o palacio mudéjar, como residencia privada.

⇨ La Iglesia de San Martín, de orígenes inciertos, aunque quizás en el Siglo XI **se construye una primera Capilla de estilo románico,** sobre una mezquita más pública, ya que la encontrada junto al Salón Dorado era de uso exclusivo de los reyes hudíes.

La actual Iglesia, construida en el Siglo XIV, de **estilo gótico mudéjar,** con dos naves divididas en tres aéreas cada una, con gruesos pilares y sus amplias bóvedas de crucería o nervada, situadas sobre las diferentes naves, tiene **labrados los escudos de la Corona de Aragón.**

De **estilo mudéjar** inconfundible es su **Pórtico o puerta de entrada de ladrillo,** un arco carpanel o rebajado, con unos alfices o molduras, decorado con figuras geométricas en forma de rombos, que nos recuerdan a los paños de sebka, y los escudos de armas de la corona de Aragón, para rematar este pórtico.

El Campanario o campanarico de tan pequeño tamaño, que era imposible guardar campanas, lo que hace pensar, que quizás o**riginalmente fuera un alminar o minarete,** asociado a esa mezquita mayor o pública, nunca localizada en el Palacio de la Alfajería.

8.4.2 El Palacio Mudéjar

El Palacio Mudéjar de Pedro IV, del Siglo XIV, es en sí, una serie de habitaciones o salones añadidos en el Pabellón Norte, a los cuales se acceden a través del Salón Dorado, en la llamada Planta o Salón Intermedio y en la Planta o Salón Superior, en los años 1354 al 1358.

Fue tan remodelado en época de los Reyes Católicos, que apenas respetó un par de ventanales de estilo mudéjar con atauriques o motivos vegetales geométricos, y vuelto a ser olvidado en el proceso de restauración del Siglo XX, pudiéndose recuperar solamente la Sala de Santa Isabel y del Trono, la unión de las tres salas mudéjares de Pedro IV, pero totalmente reformadas en época de los Reyes Católicos.

Adivinar dónde empieza el Palacio Mudéjar de Pedro IV, es casi imposible, ya que esta casi oculto por el Palacio de los Reyes Católicos y las diversas obras a posteori.

⇨ El Palacio de Los Reyes Católicos, de mano de atarifes o arquitectos mudéjares entre los años 1488 al 1495, en el Pabellón Norte, tenía también una segunda planta.

8.4.3 El Palacio Mudéjar

El Palacio de Los Reyes Católicos, de mano de **atarifes o arquitectos mudéjares** entre los años 1488 al 1495, en el Pabellón Norte, tenía también una segunda planta.

Una Noble Escalera con dos barandillas de seguridad, decoradas con yeserías, con formas geométricas en su interior, iluminados por ventanales de arcos mudéjares, nos permite **acceder a esa segunda planta**, con una techumbre de **madera entrelazada**, policromada o pintada en colores diversos con caligrafía en árabe.

Un **pasillo o Galería**, del cual destaca la **entrada o Pórtico del Trono** con columnas o fustes, con un arco rebajado, el **escudo de armas de la los Reyes Católicos** y sus reinos de Castilla, León, Aragón, Sicilia y Granada en la parte superior, son solo algunos de los detalles a observar en las figuras geométricas representando el mundo vegetal situados en los próximos ventanales de triple arco.

⇨ **Salón del Trono,** el más impactante de este nuevo Palacio de planta rectángular de 20 metros por 8 metros, en su parte inferior no destaca, pero su techo de madera, con treinta cuarterones o cuadrados con bandas entrelazadas o lacerías, formando **estrellas de ocho puntas,** además de otros símbolos mágicos del mundo islámico, tomados como **propios por el arte mudéjar,** como las piñas que parecen caer del cielo, que se asemejan **a esos mocárabes** tan utilizados en diversas construcciones andalusíes.

⇨ **Las Salas de los Pasos Perdidos,** antiguas Salas de Recepciones, destacan por sus **techumbres de madera policromada** o pintada en colores, predominando el azul con el escudo real en el centro, y **múltiples figuras geométricas,** representando infinitas hojas y ramas, y un pequeño número de lacerías alrededor del yugo y las flechas.

⇨ **La Sala de Deliberaciones o Despacho Real,** con su techumbre con cuarterones o cuadrados policromados y con caligrafía en árabe, y la Sala de Santa Isabel, similar a la anterior, pero **sus yeserías,** situados en los alfices o moldura de sus arcos, **utilizan alcerias y figuras geométricas basadas en el mundo vegetal,** son otras de las salas disponibles para su visita, para conocer el arte mudéjar ya tardío, o **la Sala de Pedro IV,** más mudéjar de fines del XV

8.4.3 El Palacio Mudéjar

que su nombre define, ya que este primer Palacio mudéjar, el de Pedro IV está casi extinto, a excepción de la Iglesia de San Martín.

⇨ De los **siglos posteriores**, más bien un llorar, sede de la **Inquisición, Prisión, Cuartel y Polvorín** militar, destrucción y olvido, hasta un siglo XX, que un loco a decir de aquella época, **Íñiguez Almech**, se atreviera a iniciar su recuperación y restauración, en soledad y sin apenas recursos económicos, consiguió algo imposible, darle vida al Palacio de la Alfajería...

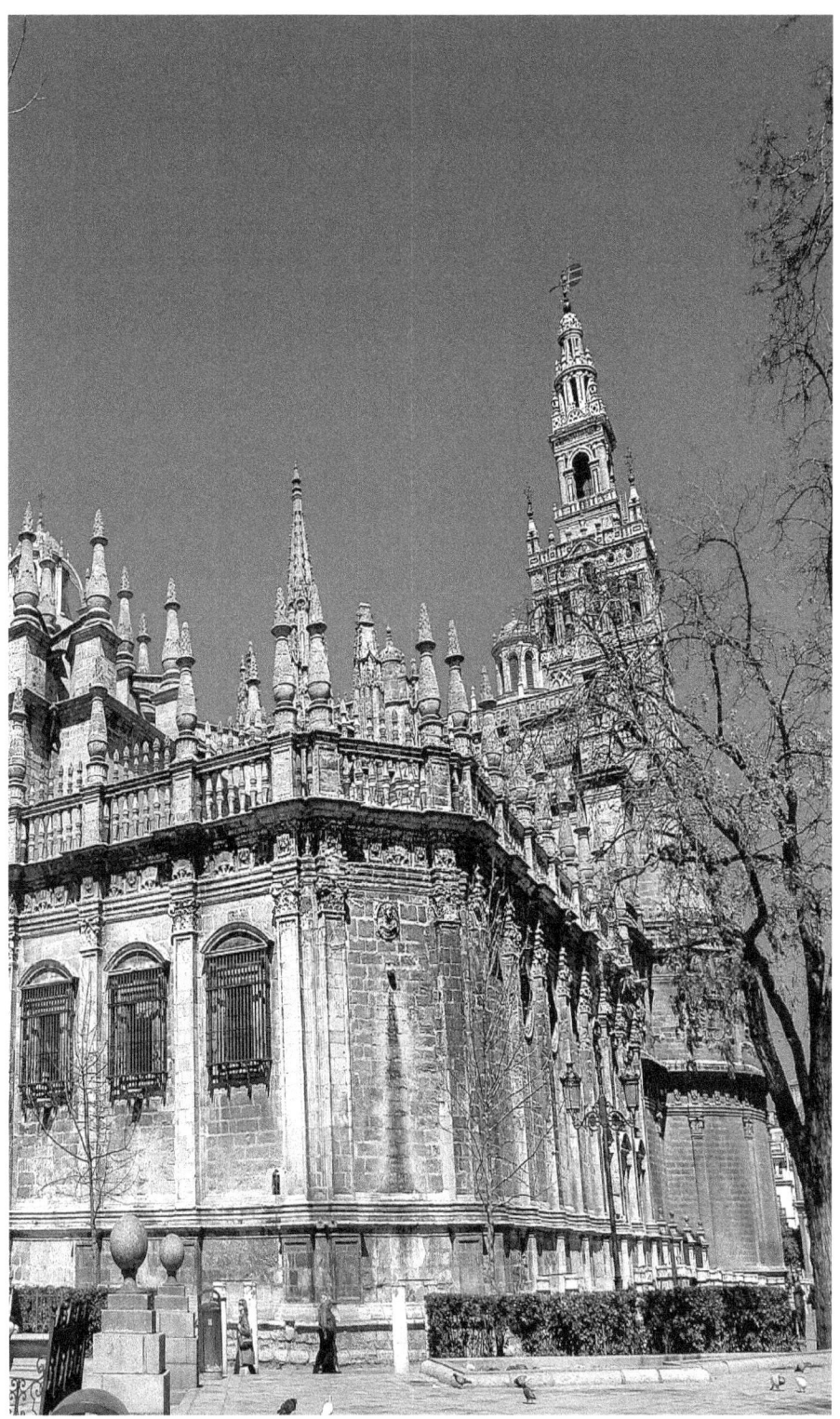

EPÍLOGO

"La Giralda de Sevilla."

9 EPÍLOGO

9.1 Viejos Mitos

El Arte andalusí, el arte cumbre del mundo islámico, se dio en un lugar tan excepcional como el Al Ándalus, en plena Europa, que muchos nostálgicos tratan de reproducir en lejanos lugares, sin asumir aún, que forma parte del carácter de estos habitantes del Sur de la vieja Península Ibérica.

⇨ **Carácter tan criticado por gentes desconocedoras y mal informadas,** que a veces desespera inclusive a este andaluz que escribe, pero que ya asume que forma parte de nuestra "alma", que hacen que millones de personas de otras regiones o países desean vivir en esta hermosa tierra.

⇨ **Descubrir esta parte de nuestro pasado común,** desde arte califal, al taifal, al almorávide o almohade, al nazarí, y sin olvidar el mudéjar, es un reto que cualquier amante de la vida, debe realizar en su caminar vital.

⇨ **Olvidarnos de viejos mitos,** que se reciclan cada pocas décadas, contando que unos eran los buenos y otros los malos, es mentir a la historia, siempre los notables o poderosos son escasos en generosidad, y el pueblo o las clases medias es incitado al odio para afianzar su poder, independientemente que sean religiosos (musulmanes o cristianos) o solo adoren el Dios Dólar…

9 EPÍLOGO

9.2. Viajando.

La eterna excusa, viajar es para ricos, y como siempre, hay que desmentirlo, hacer turismo es caro, viajar es barato.

⇨ **Vuelos LowCost,** que por apenas 50€ te trasladan de lejanas ciudades europeas al Aeropuerto de Málaga o Madrid, o Autobuses que por 25€ te llevan de Madrid al Sur, sin olvidar los coches compartidos, que por casi nada, te trasladan entre ciudades, son opciones para trasladarnos a precios económicos.

⇨ **Cientos de Hosteles** que encontraremos en cualquier lugar del mundo, que por pocos euros, tendremos un lugar donde dormir, un desayuno incluído y una cocina para utilizar.

⇨ **Cenar en restaurantes agradables,** siempre es una opción, pero si no deseamos dejar la Visa en bancarrota, en cualquier supermercado podremos comprar productos básicos para **cocinar en el Hostel,** y al final de una semana de largo viaje, nos habrá costado apenas 20 euros en comer.

⇨ De lo que será más difícil escaparnos, es **de precios abusivos en muchos lugares dignos de visitar,** pero solo es compensar, no todos los lugares recomendados en multitud de guías o agencias, merecen pagar precios tan altos, y lugares hermosos dignos de visitar suelen tener precios simbólicos, es solo saber buscar...

Este consumismo que nos desborda, que nos asfixia, que nos fuerza a justificarnos porque no pagamos 600€ por el último modelo de móvil, más aún si saben que tenemos dicha cantidad, hace que cuando viajamos perdamos la vista de lo principal, descubrir nuevos lugares por ir a los sitios de moda para llevarnos cientos de fotografías que se quedan almacenadas en algunos de los cientos de carpetas guardadas en nuestro portátil o tableta, o quizás, los álbumes de 500 fotografías que subimos a las redes sociales...

www.ingramcontent.com/pod-product-compliance
Lightning Source LLC
Chambersburg PA
CBHW071427170526
45165CB00001B/427